N.° 1.

ÉLIE BENAMOZEGH

BIBLIOTHÈQUE

DE L'HÉBRAÏSME

Publication mensuelle de ses manuscrits inédits

SOMMAIRE

LIVOURNE.
S. BELFORTE ET C.ie
1897

Annonce.

À Livourne (Toscane) on va publier un Recueil périodique mensuel qui portera le titre de *Bibliothèque de l'Hébraïsme*. Ainsi que ce titre l'indique, il comprendra des écrits touchants toutes les parties de l'Hébraïsme: *Exégèse biblique*, *Critique*, *Philologie*, *Sources rabbiniques anciennes et modernes*, c'est-à-dire *Mischna*, *Talmud*, *Midraschin* etc.; *Histoire*, *Littérature*, *Théologie et Théosophie*, *Études des religions comparées anciennes et modernes*, *Jurisprudence*, *Morale*, *Rituaire*. Sur toutes ces parties le sous-signé offrira son contingent consistant soit en ouvrages inédits et presque achevés, soit en *Matériaux*, *Notes*, *Monographies* relatives aux sus-dites branches de la science et de la religion hébraïques, destinées dans l'intention de l'auteur à former d'autres ouvrages.

Ces divers écrits seront imprimés dans chaque *numéro* de manière à pouvoir être *tachésdé* et former à la fin séparément autant d'ouvrages à part sur chaque matière, c'est-à-dire une véritable Bibliothèque.

Il va sans dire que ce Recueil, quoique restreint dans les bornes déjà très vastes de l'Hébraïsme, c'est à la lumière et vis-à-vis des sciences modernes, autant qu'il lui sera possible, qu'il considérera toutes les questions et les sujets qui y seront contenus. En même temps (et voilà la principale caractéristique et la nouveauté de cette publblication) c'est le langage non d'un hébraïsme de phantaisie, de convention ou d'opportunisme, que les lecteurs entendront, mais celui de l'Hébraïsme tel qu'il est, pour ne dire pas tel que les siècles l'ont fait, de l'Hébraïsme positif, historique, rabbanite, traditionnel sans nul souci de lui faire dire ce qui plaît au lecteur, sauf à celui-ci de le juger comme il voudra.

Au lecteur instruit à remarquer, que depuis le moyen âge une pareille entreprise n'a été plus tentée. Toutes les rehabilitations du Judaïsme vis-à-vis de la science ont été faites au prix d'éliminations, d'amputations quand ce ne furent des altérations et des malentendus. Ortodoxie complète et science indépendante ne furent plus rapprochées dans le Judaïsme comme elles le furent dans d'autres religions.

Il est superflu de faire remarquer combien cette publblication doit réussir intéressante à toute sort de lecteurs: aux Hébraïstes pour l'exégèse, la critique, la philologie, les littératures biblique et rabbinique; aux Juristes pour la jurisprudence; aux Philosophes et aux Théologiens de toutes les églises pour la théologie et la rituaire; aux Savans de toute espèce Naturalistes, Astronomes, Médecins, Zoologistes etc., pour les notions que sur toutes ces matières renferment les anciens livres hébraïques et qui reviendront à leur place assez souvent sous notre plume; à tous pour l'Histoire et les Religions comparées. Tout cet ensemble constitue en grande partie *la question religieuse, la religion de l'avenir* que tout le monde pressente devoir sortir de l'aryanisme et du semitisme à la fois, sans pouvoir discerner encore le comment, ce que cette publblication est destinée à rendre plus facile. De là l'intérêt que toute personne tant soit peu soucieuse de la question religieuse, c'est-à-dire tout le monde civil, devrait porter à cette publblication.

Quant aux églises, — qui auront tout notre respect et toutes non sympathies, soit comme filles, soit comme soeurs cadettes; d'autant plus sincèrement que ce ne sera jamais au prix de notre liberté, — chacun comprend que si toutes sont intéressées dans cette publblication, l'église judaïque l'est plus directement que toutes les autres. Notre voeu le plus ardent c'est que les grands Israélites qui ont la puissance de faire le bien, le comprennent. La Charité dont ils sont, — nous jouissons de pouvoir le proclamer — pour leurs frères qui souffrent à cause de nos communes croyances, les illustres champions, est sans doute un titre glorieux. Mais qu'ils veuillent bien le remarquer: si cela est c'est apparemment que notre raison d'être et de souffrir, l'Hébraïsme lui-même est aux yeux de ces grands bienfaiteurs bon à conserver et à faire prospérer. Sans cela le remède proclamé jadis par les puissances de la terre; aujourd'hui par les préjugés populaires en haut et en bas, l'apostasie, serait non seulement le plus radical, le plus logique, mais le plus innocent, voir même le plus moral et vertueux; et si l'accusation de nos ennemis de nous'entêter dans une religion absurde, immorale ou épuisée était fondée la charité tendante à nous maintenir dans une telle religion ne serait qu'une complicité dans le mal. Se rejetera-t-on sur l'esprit de race et de nationalité, en dehors de toute solidarité religieuse? Ce serait le contrepied exact de la thèse la plus commune et la plus favorite à nos modernes apologistes qui ne considèrent dans le Juif que le religionnaire sans nul caractère national différent de ses concitoyens; ce serait la thèse même des antisémites. C'est donc seulement ou principalement si l'Hébraïsme est bon et vrai, que la charité envers les Israélites persécutés pour leurs croyances, peut être méritoire. Et quelle charité meilleure que celle qui prouverait que les Juifs sont injustement persécutés, parceque le Judaïsme est injustement calomnié, précisément la question qui est permanente dans ce Recueil? Voilà deux choses qui se tiennent inséparablement et que toutes les bonnes intentions du monde ne réussiront pas à séparer.

Une parole sur le rôle de la Kabbale ou Théosophie dans ce recueil et nous avons fini. On verra que nous en essayons une interprétation philosophique. Ce n'est pas nouveau au sein de la libre science, ni même dans l'école Kabbalistique, surtout par le platonisme et l'aristotelisme. Mais dans ce dernier cas la langue a été toujours l'hébreu et pour qui considère comme moi la Kabbale comme la théologie la plus légitime de l'Hébraïsme, pour divulguer ces doctrines dans une langue profane, connue par tout le monde on comprend que j'ai dû prendre mon courage de deux mes mains, songer au but religieux que je me propose, et heureusement à l'exemple de nos Maîtres qui ont pas à pas avancé dans ce chemin; du mystère le plus rigoureux jusqu'à l'impression des textes et de leur commentaire. N'ont ils encore ajouté que cette publicité toujours plus grande atteindrait sa pleine manifestation aux jours du Messie? le mien donc n'est qu'un autre pas dans cette même direction, Voilà ce qui souffira pour toute conscience timorée comme a suffi pour la mienne.

Chaque numéro sera composé de 100 pages de même format.

Prix de l'abonnement:

Italie   un an, 25 fr.   six mois, 14 fr.

Etranger   »   30 »   »   18 »

ELIE BENAMOZEGH
Chev. de la Couronne d'Italie
Grand Rabbin à Livourne

NOTES BIBLIOGRAPHIQUES

La Filosofia Cabbalistica di Giov. Pico della Mirandola, du Docteur MASSETANI pr[...] dans de R. Gymnase Nuovo (Sassari) Travail important pour l'histoire de la philoso[...] ce livre ne l'est pas moins pour la question kabbalistique, surtout pour la question de son origine. Nous signalons aux lecteurs trois passages entro autres où l'auteur rend hommage à l'antiquité de cette origine: à page 47; à page 67 où il s'associe sans réserve à l'opinion par moi soutenue dans mon histoire des Esseniens, que ceux-ci furent les legitimes représentants de la théosophie Kabbalistique et en général on y lit que ses racines remontent à un Age assez reculé; qu'on voit aussi à page 95 sur le rapport entre Christianisme et Kabbale. Ce n'est pas à dire que tout est en harmonie avec notre manière de penser, mais là où elle est, elle l'est pas *une harmonie préciable* venant de si loin. En général il nous paraît de nous trouver dans le grand courant de la pensée moderne.

. .

M. S. RUBIN, que j'ai eu le plaisir de fréquenter ici-même sans m'apercevoir de cette fraternité d'opinion que je remarque à présent vient de publier dans le NER MA'ARABI *Revue périodique* en hébreu (New-Jork) une étude sur l'ésotérisme du Pentateuque, où les points de contact avec ce que je publiais dans mes ouvrages et surtout dans l' *Em la-mmené sur le Pentateuque* ne sauraient être ni plus nombreux ni plus importants. Nous nous félicitons de ce libre penseur, excellent allié inattendu et nous lui étendons la main à travers l'Atlantique en attendant que nous puissions ici-même analyser son érudit écrit.

ÉLIE BENAMOZEGH

CRITIQUE, EXÉGÈSE

ET

PHILOLOGIE BIBLIQUES

LIVOURNE
S. BELFORTE ET C.ie
1897

EXÉGÈSE BIBLIQUE

Mon *Pentateuque* avec Notes très abondantes, le tout en hébreu, a néanmoins un frontispice français qui en fait connaître la nature et que nous reproduisons ici. On y lit: « Le « Pentateuque avec commentaires, éclaircissements et recherches « philologiques, critiques, archéologiques et scientifiques, d'après « les resultats des dernières études sur les dogmes, l'histoire, « les lois, et les usages des peuples anciens; y joint un exa- « men de quelques unes des principales conjectures de la cri- « tique moderne sur divers passages des lois de Moïse et de « quelques traditions rabbiniques tant historiques que rituelles et « théologiques. » L'ouvrage dans son ensemble porte le titre d'*Em lammicrà*, *Règle de lecture*, allusivement à une des deux phrases talmudiques *Em lammicrà* et *Em lammassoret*. Car un ouvrage analogue, qui aurait fait le pair, rentrait dans le Plan général et aurait dû s'appeler *Em lammassoret;* il aurait regardé les Monuments de la tradition (Massoret) dont les matériaux sont tous prêts et figureront dans ce Recueil, mais auxquels fait défaut l'ordonnance, sauf sur quelques articles qui figureront ici en- core eux. Mais, pour ainsi dire, entre ces deux ouvrages prenait place une seconde partie de l'*Em lammicrà* qui aurait regardé tout le restant de la Bible. Sur le Pentateuque lui même, il est bien loin que tous mes matériaux aient été utilisés dans l'*Em lammicrà* déjà publiée. Un grand nombre de ceux qui existaient lors de sa compilation sont restés en arrière; surtout ceux qui depuis 1863, date de sa publication, sont venus grossir le dépòt déjà existant.

Sans doute, voulant faire les choses en pleine règle, on devrait ici distinguer ce qui regarde le Pentateuque de ce qui se
rattache au reste de la Bible, mais le travail serait long et fati-
gant et l'utilité ne serait pas à proportion. C'est donc sur toute
la Bible indistinctement que ces notes vont suivre dans l'état et selon
l'ordre eux mêmes dans lesquels ils se trouvent dans mes manuscrits, et, comme on le comprend aisément, avec des *rappels*,
pour comprendre lesquels l'ordre de date était presque nécessaire

---

חרבות צורים « Couteaux de pierres » Exode IV. 25. Josué
V. 2. Les païens s'en servaient pour un usage encore plus
violent: « Mollia qui rapta secuit genitalia » Juvén. Sat. VI. Et
Atis se châtra « Devolvit ille acuto sibi pondera silice » En général la circoncision se rattache à cet ordre d'idées symboliques
et ascétiques, nullement ni aux sacrifices humains ni à des vues
hygiéniques ; et partant elle se rattache à la Théosophie, qui se
trouve ainsi d'accord avec l'analogie historique. De là aussi le
titre de *Saris* « eunuque » donné aux grands et aux saints.
Voy. Ésaïe LVI, 4 : לסריסים אשר ישמרו את שבתותי Voy.
aussi mon Hist. des Esséniens sur le célibat. Au Tonquin, dit
Montesquieu, tous les Mandarins civils et militaires sont Eunu-
ques (Esprit des Lois liv. XV ch. 19).

שמים מרום מעון מקום *Ciel-Lieu.* Quoique peu remarquées et
assez rares, il est très remarquable que toutes ces qualifications
soient tour à tour données à Dieu dans la Bible, d'accord avec le
latin, les langues modernes et le langage rabbinique. שמים dans
Daniel; dans ואתה תשמע השמים de Rois I ch. VIII. v. 32, Voy. Ibn
Ezra Ps. XC. מרום dans רבים לוחמים לי מרום Voy. Kimhi.
Ps. LVI. מעון Ps. LXXI. 3: et והבטת צר מעון Samuel II. 32
מקום selon quelqu'un dans : והניף ידו אל המקום ואסף המצורע
Rois II ch. V. 11. Voy. Kimhi, Radicaux, et Gersonide, Commentaire.
L'important de ces noms c'est la nécessité dans laquelle ils nous
placent de trouver une signification qui cadre avec l'idée de
Contenant, c'est-à-dire hautement métaphysique. Le Thalmud
et les Midraschim disent déjà: « Pour quoi dieu s'appelle-t-il
מקום *le lieu ?* Parcequ'il est le lieu du monde et non *vice-versâ*.

On sait ce que disait le philosophe Clarke de l'*espace*, l'appelant *Sensorium dei*. Il n'est par si clair qu'on le croit, que quand la Bible dit מלא כל הארץ כבודו et d'autres phrases semblables entende que *dieu remplit* la terre ou le monde, et le contraire est plutôt le sens véritable. Mais on reviendra sur cela.

וגם אני נתתי להם חקים לא טובים ומשפטים אל יחיו בהם (Ézec. XX, 25 :) « À cause de cela je leur ai donné des statuts qui n'étaient pas bons et des ordonnances par lesquelles ils ne vivraient point » Quand la sagesse divine dit au peuple juif: « *Je vous ai donné des préceptes qui ne sont pas bons* » cela signifie qu'ils n'avaient qu'une bonté relative, *ce qui est l'éponge* de toutes les difficultés que l'on peut faire sur les lois de Moïse. Livre XXX ch. 21 » (citation que je trouve sans nom d'auteur.) En présence des louanges et des injonctions formelles incessantes qu'on trouve à côté, avant et après ce texte dans toute la Bible, cette interprétation est simplement ridicule. Un auteur qui s'aperçoit de telles imperfections et qui les avoue, son premier devoir serait de les signaler et de les corriger, comme ont fait tous ceux qui ont voulu innover en fait de religion. Peut-être le sens de ce passage n'est que celui-ci : Si, comme on l'a dit, la meilleure constitution pour un peuple n'est pas toujours la plus parfaite, mais celle qui lui convient le mieux, vu le degré de sa civilisation, la loi de dieu, justement parce qu'elle le devance infiniment, n'est pas toujours utile à Israël. La proposition contraire de Moïse אשר יעשה אותם האדם וחי בהם (Lévit. XVIII. 5) regarde *l'homme* אדם considéré absolument. Qu'on ramène aussi à cet ordre d'idées le dire rabbinique que « la loi est un *élixir de vie* pour qui le mérite et un *venin* pour qui ne le mérite pas. »

גור *Gour*. Le principe du philosophe napolitain *Vico* que *la peur* causée aux premiers hommes par la foudre les obligea à se chercher une retraite, à fonder les familles par des mariages stables et religieux, on peut le voir réfléchi dans cette racine hébraïque qui signifie à la fois « *craindre*, et et *s'unir* » יגורו עלי עזים (Psaumes LIX. 4, Voy. Ibn Ezra) *les petits* de plusieurs animaux. Et que les premiers hôtes fussent les noyaux des premiers serfs, apparaît dans le parallélisme גרי ביתי ואמהותי (Job. XIX. 15).

ויזר על פני המים וישק את בני ישראל (Ex. XXXII v. 20)
On connaît la tradition rabbinique qui y voit un fac-simile
des eaux amères pour prouver l'innocence. Il est curieux
qu'un poète chrétien croit que la barbe de tous ceux qui
avaient adoré le veau d'or devenait dorée ou rouge et qu'on
le reconnaissait à ce caractère. SELDENUS. *De diis Syris.* Synt.
'I ch. IV. p. 156.

אם רפאים יקומו Ps. XXXIX v. 11. La condamnation des Tan-
naïtes contre la classe des médecins (bien méritée à leur temps,
comme nous le verrons) il est singulier de la retrouver dans les
LXX et dans la Vulgate qui ont traduit ce *Réfaïm* des Psaumes
comme si on lisait *Roféim, médecins.* C'est une preuve entre un
nombre infini que les traditions rabbiniques sont plus anciennes
que leur premières citations juives. Un travail qui recueillît les
les *précedents du Thalmud* serait un service rendu à la science
et à la religion.

שרפה Cette *incinération* dont on parle à propos des rois
morts et que les partisans contemporains de la crémation veulent utiliser en faveur de celle-ci, en faisant violence à tout le
contexte qui ne parle que des *objets* qu'on brûlait à leurs funé-
railles, qui dirait qu'elle a été entendue dans ce même sens par
un Tostat évêque d'Avila, suivi, dit Basnage, par beaucoup d'in-
terprétes ?

דמיהם בם Lévit. XX. 11. S. Jérome suppose aux temps
mosaïques l'usage de laver les morts, car il en voit dans cette
phrase la privation. Voyez Basnage.

ה' האמירך היום Deut. XXVI. 18. R. Ascher הרא"ש dans
son דעת זקנים en rapportant la paraphrase jérosolimitaine וּמְלִיכֵך
t'a fait régner, ajoute « et en arabe on appelle le roi *Émir.* » C'est
au moins très spécieux. Qu'on ajoute que les mots *parler, dire,
prononcer* sont, en plusieurs langues, synonimes de *commander,
legiférer, arrêter,* dans l'ordre légal et moral comme ils sont
synonimes dans l'ordre logique et ontologique de *penser et de créer.*
C'est le verbe qui crée le monde physique et moral, l'idée et la volonté unies ensemble, la *parole* par excellence. Quelque chose
d'analogue arrive à *Dabar* dont le rabbinique et l'arabe ont fait
commander, gouverner, pourvoir. Un titre analogue *homme fort*
porte la même empreinte. En hébreu, comme dans presque

toutes les langues, la préeminance physique comme la morale
y sont jointes. Une infinité d'idées et de traditions rabbiniques,
parfois à l'aspect paradoxal, n'ont d'autre fondement. (Voy. Em
lammicra v. II p. 52 pour de très nombreux exemples.) Le
premier droit ayant eu pour base unique la force, de là le nom
de עז *force* donné à la loi ואין עז אלא תורה et même dans les
siècles plus policés il y a des cas où la loi étant désarmée, la
force est legitimée כל דאלם גבר; ce n'est pas la loi qui est
barbare ainsi statuant, c'est la société qui est imparfaite. Vico a
remarqué que les chefs des familles, les forts étaient appelés en
ce sens *Heri* de la *hérédditas*. Qui ne se rappellera, à ce propos,
le nom araméen de l'héritage אחסנתא évidemment de חסן חסין
fort, supérieur, force ?

אנכי עשו בכורך *Je suis Ésaü ton premier né.* Gén. XXVII, 19.
Les rabbins pour justifier Jacob du mensonge, ont dit qu'
entre אנכי et עשו intercéda une pause, comme s'il disait:
moi suis qui je suis. Réalité historique à part, nul doute que
les Docteurs fussent en cela l'écho exact du parler formaliste
de l'antiquité. Si quelqu'un en doutait qu'il lise Vico, Scienza
nova liv. IV.

כמה *Cama.* Psaum. 63, 2 : כמה לך בשרי. Unique dans toute
la Bible. Les exégètes ont eu recours au contexte qui ne laisse
point de doute sur son sens de « désir » et d' « amour ».
En effet, le grec et le sanscrit le confirment. Notre généra-
tion n'a pas besoin qu'on la pousse dans cette voie de philologie comparée, mais il est bon qu'elle sache que c'est une
méthode non seulement très legitime, mais, comme telle, pratiquée
et préconisée par nos Docteurs pharisiens d'avant l'Ère chrétienne.
Ainsi R. 'Akiba explique à sa guise par le persan le nom
« galmuda »; par la langue africaine « Késita »; par l'arabe le mot
«Iahab» *charge.* On est arrivé à décider par la philologie comparée,
et même un peu trop légèrement, de la vie ou de la mort. Sans
doute, quand par la particule הן « un » en grec, adjointe au
mot ואתהן comme le pluriel feminin, on a conclu qu'une seule des
deux soeurs devait mourir, c'était la tradition qui en faisait les
frais, mais tout l'honneur - un excès d'honneur - en revenait
à la philologie comparée. Le comble de l'audace est dans la
dérivation égyptienne vue par les docteurs dans le premier mot

du Decalogue אנכי « Anohi » ce que les Lexiques confirment de point en point. Voy. Ialkout Chim'oni éd. Venise vol. I § 14 et Gésénius Lexicon vox אנכי.

Hébreu biblique et { Que le dernier serve à expliquer
Hébreu rabbinique { souvent le premier, c'est certain. Que les anciens s'en soient servi à cet usage, c'est également certain. P. ex: הגישו עצמותיכם « présentez vos disputes » du rabbinique כי יתחמץ לבבי ; שנים שנתעצמו בדין (Ps. 73, 21) du rabbinique חמוץ הדין Voyez Ibn Esra ; שתום העין (Nombres ch. XXIV v. 3), unique dans toute la bible, du rabbinique כדי שישתום « qu'il ouvre les yeux ». Que la langue rabbinique contienne un fond de langue biblique c'est ce qui descend en droite ligne des faits précédents. La seule question est de savoir: si les anciens rabbins en employant ces termes, les prenaient du texte biblique ou bien de leur ancien patrimoine linguistique. De cette question dépend cette autre: Si l'on doit admettre ou non qu'en déhors de ces cas singuliers la langue rabbinique contienne ou non un fond ancien hébréo-biblique quoique l'occasion ne se soit pas présentée dè s'en servir dans la Bible.

אליל *(Élil)* de אל *Al* « rien, négation » Le Tasse dans le Traité du Poème héroïque écrit (p. 48): Favorinus a défini l'*idole* une similitude ombreuse, une fiction qui réellement n'existe pas, une forme sans subsistance comme celle qu'on voit dans les eaux ou dans les miroirs. « Idole » dérive de « éidon » en grec « je parais, je ressemble ». Suida le définit une effigie de chose non subsistante. Esychius: Similitude ou image des choses qui n'existent pas. Paul disait « *Idolum nihil est,* » faisant allusion à l'אל hébreu.

דינים ודיגום Jéremie XVI, 16 « J'appelerai les pêcheurs et ils les pècheront. » Que je sache on n'a point remarqué ce premier type du fameux, *je vous ferai pêcheurs d'hommes* de Jésus aux apôtres, le métier de ceux-ci aidant, si tant est que ce fut vraiment leur métier. La narration évangélique est le rebours de la legende talmudique et qui sait si celle-ci dans son antithèse n'a point agi intentionnellement! On sait que pour montrer que la persévérance dans la loi est le seul moyen de salut, bien loin que le soit l'apostasie, on y récite l'ancien apologue du renard qui du rivage invite les poissons à passer au sec pour vivre ensemble; et la réponse des poisssons qui ne peuvent croire qu'ils seraient plus sûrs là où il leur manquent les conditions de la vie. - En général sur le sens figuré du pêcheur je lis dans le Tasse, Dialogues p. 328: « La pêche de *Glaücus* n'est que le syllogisme « de l'esprit, ainsi que les Latins disaient: *aliquid viri expiscatus* « *sum.* » Dans le langage rabbinique מה שעלה במצודה *ce que mon filet a tiré* (de l'eau): par contre une spéculation avortée est *plonger dans des eaux impétueuses sans en rapporter qu'un caillou.*

המים אשר מעל השמים Ps. CXLVIII, 4. Rapprocher les phrases bibliques à celles usitées dans l'ancien monde pour mieux les comprendre, rien de mieux. Il reste à savoir ce que celles - ci elles mèmes ont voulu dire, et c'est souvent où le mytho-graphes n'ont pas toujours frappé juste; et leurs progrès eux - mêmes l'attestent. Par exemple: Dupuis, Orig. des cultes (II, 88) rapporte la phrase hébraïque « à la mauvaise physique qui avait imaginé des eaux au-dessus du firmament et qui se trouvent aussi recouvrir tout le système hiérarchique des syriens... car au-dessus du ciel des Chérubins et des Séraphins ils placent l'Océan sans bornes. » Nous disions que la science fait comme la lance d'Achille, elle guérit les blessures qu'elle a faites. Car l'Égyptologie moderne en nous montrant un *Nil* céleste nous avertit nonobstant par ses organes les plus autorisés que ce serait une erreur de prendre celui-ci au pied de la lettre. Et *ab uno disce omnes*, sans exclure la Génèse, ce qui donne raison à tous les anciens Rabbins, Ben Zoma et Rabbi 'Akiba en tète, deux des quatre coryphées de la Kabbale (*Pardès* du Talmud) qui disaient, le premier: » Je contemplais la distance qu'il y a entre les eaux supérieures et les inférieures qui n'est que de trois doigts. » Et le second à ses disciples: « Quand vous parvien-drez aux pierres de marbre pur, ne dites pas « les eaux, les eaux. » Ezéchiel voit sous le trône de Dieu la *Glace* pure - le *scélég* ou neige des Rabbins, où Maïmonide a vu le חמר קדמון l'ancienne matière. Voy. dans le *Malmad attalmidim* du R. Antoli l'interprétation donnée par Frédéric II de Sicile à ces passages. Thalès, on le sait, appelait *eau* la matière première, universelle: et il est bien improbable que ce fût la nôtre.

ראשיכם אל תפרעו *Ne laissez pas croître votre chevelure*. Lévit,
ch. X v. 6 aux prêtres exceptionnellement, dans le *deuil*, les autres
laissant intacte leur chevelure. C'est le sens le plus probable de
l'usage un peu complexe du verbe פרע Une confirmation indirecte
nous l'avons par la *tonsure* imposée aux lévites et le juste milieu
aux prêtres. Ezék. ch. XLIV, v. 20 ראשם לא יגלחו ופרע ר'לא
ראשו של זה בצד עקרו של זה ישלחו כסום יכסמו et la tradition
et par l'exemple de l'Égypte. Les prêtres d'Isis se rasaient la
tète, durant tous les jours de deuil que la Déesse avait consacrés
à la recherche de son fils Horus. Voy. Athen. Leg. pro Christ.
p. 55 - Voy. Dupuis. Orig. des cultes. Vol. IV p. 537.

מזלות *astres* Selon quelque auteur, de נזל, écouler de la croyance
des effluves ou influences des étoiles. Le Zohar n'est pas donc si trop
loin de la vérité en expliquant le mot מזל *Mazal, astre* attribué à une
des plus hautes émanations, par cette étymologie étant celle d'où
toutes les autres découlent. Voy. Iddera. Si ce n'était pas la
lettre sousentendue par le דגש on pourrait songer à l'idée de
mouvement et analoguement à celui de *planète* en grec. Voy.
Zohar vol. II p. 6 et Rabbi Moïse Zacut. הרמז Ibid.

Textes bibliques. – Parfois on en rencontre cités comme tels
dans les anciens monuments rabbiniques sans qu'on les trouve
dans notre Bible. Voy. Talmud. Zébahim pag. 118, Voy. Raschi
et Tosaphot in loco. Voy. deux autres exemples en Tosaphot
ibidem. Un autre texte complètement absent dans nos Bibles en
Sanhédrin, et dans tout autre ordre en Bérahot p. 4. À notre
avis tout cela dépend d'un reste de l'ancienne forme orale de
la Bible qui avait ses inconvéniens et qu'on tàcha de prévenir
par la règle דברים שבכתב אי אתה רשאי לאומרם על פה « Les
choses écrites il ne t'est pas permis de les dire *oralement*. » Qu'on
observe toutefois que cette prescription ne nuit nullement à notre
théorie de la *précédance* de la forme orale de l'Ecriture. La règle
dont il s'agit ici n'est qu'une mesure postérieure pour obvier
aux inconvéniens d'une habitude qui n'avait plus sa raison d'être
après la consolidation et généralisation de la forme écrite. Un
indice très-grave nous l'avons dans ce fait que des deux règles
corrélatives, l'une de ne pas écrire ce qui est oral, l'autre de ne
pas réciter oralement ce qui est écrit, la seconde est dite d'origine humaine - מדרבנן - et la première d'origine révélée. Voy.

אי"י הים de R. Hazan sur les תשובות הגאונים Voy. un autre texte de ce genre Talmud Bérahot p. 61 retro et les Tosaphot ibidem.

שממית des Proverbes ch. XXX v. 28, que l'on traduit généralement *araignée*, est comprise par Maïmonide (Introd. à la Misna Zerahim) comme *hirondelle*.

עיר Dans les anciens monumers rabbiniques ce nom la *ville*, la *cité*, est donné antonomastiquement à Jérusalem à la façon de *Rome* qui était appelée *urbs*. Ce qui est moins connu et plus remarquable c'est que la même chose se vérifie dans la Bible Voy. Ps. LXXII, 16 ויציצו מעיר כעשב הארץ et voy. Raschi ibidem et dans ולא אבוא בעיר (Osée XI, 9.)

התמורות Systéme de substitution alphabétique. - Ce procédé qui paraît moderne et rabbinique apparaît déjà dans la Bible. La substitution par את ב"ש la première lettre par la dernière, la seconde par l'avant-dernière et ainsi de suite, apparaît dans ie nom de לב קמי (Jér. LI, 1) au lieu de כשדים; de ששך au lieu de בבל; de בן טבאל au lieu de בן רמליה (Esaïe VII, 6). La nature de ces exemples paraît nous rapporter à une très haute antiquité étant tous de nature politique et ayant l'air d'un jargon conventionnel. Il est vrai que le כלו סג au lieu de הכל סר des Psaumes (XIV, 3, et LIII, 4.) est un א"ת ב"ש selon Kimhi (ibidem), mais nous sommes enclins à le rapporter au système ancien de récitation orale qui causait ces variantes. Il se peut encore que d'abord fait pour cacher la pensée, ce systéme se soit ensuite généralisé.

בער Baal. Divinité priapique, reconnue comme telle par les anciens rabbins. R. Huma ben Guria dit: *Le Baal était un phallus ou membre viril*, (suit un mot qu'on lit diversement נאפן ou כאפן comme un *afoun*, espèce de céréale ou pour la conjonction sexuelle Voy. Talmud de Jérusalem.

המבינתך יאבר נץ יפרוש כנפיו לתימן Job 39-26. Les naturalistes ont observé que l'épervier habite le Nord préférablement. Toutefois au retour du printemps il s'avance vers le midi tenant les ailes déployées vers le côté où la chaleur est plus sensible.

חטובות אטון מצרים (Prov. VII, 15) Selon Thucidide Athènes fut fondée par une colonie égyptienne et son nom signifiait *le lin* en langue égyptienne, qui était l'étoffe la plus estimée dans les deux pays. Voy. Pluche Hist. du Ciel vol. I, p. 194.

מרזח Dans la Bible et chez les Rabbins a le sens de *maison de deuil*. Il est singulier pourtant que dans un passage rapporté par Kimhi (Voy. Sam. 1. XXVII, 6), c'est tout le contraire, ayant le sens de *fête*.

עמדתם על חרבכם עשיתם תועבה Ezéchiel XXXIII, 26, " Vous vous appuyez sur votre épée, vous commettez abomination „ Les anciens s'assemblaient sur le sommet des montagnes pour évoquer les ombres des morts. Ils creusaient une fosse, immolaient la victime et ils y versaient son sang. Ensuite, *l'épée à la main*, ils éloignaient les morts qui avides de la chair des victimes eussent voulu interrompre ces secrets *colloques*. Voy. Pluche, Hist. du Ciel. v. I. p. 462. Ulysse consultant l'ombre de Tyresias sur son retour à Ithaque, immole la victime: il se tient tout près du sang et il éloigne les autres ombres par l'épée (ibidem.) La prescription mosaïque לא האכלו על הדם (Lévit. XIX, 26) " Tu ne mangeras près du sang „ se rapporte évidemment à cet usage. En effet les Septante on traduit: " vous ne mangerez pas sur les montagnes „ (Voy. Lévitique XIX et XXVI). La Misna (Voy. Hollin, ch. II, p. 45) suivie par Maïmonide (Voyez Hilhot Scéhita II, 5) défend d'égorger l'animal sur une fosse, car, dit-elle, c'est la coutume des Gentils.

תחמס Lévit. XI. 17; Deut. XIV, 15. Ailleurs nom du Crocodil; d'abord parceque les arabes l'appellent de ce nom, puis parceque le nom qu'il portait dans l'ancien Égypte c'était *Tachompso*. Voy. Religions de l'antiquité de Creuzer - trad. Guignaut I, 951.

בן מי זה הנער אבנר I Samuel XVII v. 55. Comment une telle domande après le récit détaillé des rapports personnels entre Saül et David? J'ai hasardé, il y a bien longtemps, une conjecture, c'est-à-dire que ce récit est anticipé, mais aucun ancien auteur n'appuyait ma conjecture. C'est seulement un rabbin assez moderne R. Haïm Vital dans son livre Sciaaré Kédoucha qui, en montrant les effets de l'envie, ajoute que Saül fut puni en devenant démoniaque parcequ' il conçut de l'envie contre David dans l'affaire de Goliat. C'est avouer que l'affaire de Goliat a précédé. D'ailleurs voici, je crois, de bons arguments que je traduis de mon hébreu de 14 ans: « Saül, à mon avis, ne connut pas David ni le reçut chez lui si ce n'est après l'affaire de Goliat et delà sa demande à Abnèr. Dès alors la jalousie le posséda et devint lunatique, seulement ses ministres qui n'en savaient pas la cause, et vue la renommée de David comme excellente le proposèrent à Saül. Mais dans quels termes? Dans des termes qui forcent notre conviction en faveur de notre conjecture: « Je connais un fils de Ichaï de Betléhém, instruit dans la musique, *valeureux, fort en bataille, intelligent, beau et Dieu est avec lui.* » Comment ce langage pour qui n'aurait jamais été soldat, et d'où savait-on que dieu était avec lui? au contraire tout cela est d'une justesse incomparable si l'on admet notre hypothèse. Saül accepta mais insidieusement pour se ménager l'occasion de lui nuire, et l'excuse de l'avoir fait dans un accès de son mal. Et ce n'est pas tout. Comment trouvons-nous David, pasteur chez lui, envoyé par son père au camps le jour du défi de Goliat? »

Le français du siècle XI
dans Raschi

שבב en Jérémie ch. III *enciciᵉe* בלע"ז השובבה-אנבוייאה
Ibid שובבים-אווישייר il faut lire אנווישייר *encicier.*
סבך Jérémie IV. 7: אשפייששיש *espaissis.*
הישא השאת ibid. 10: אטינטאר *attenter.*
רוח ibid. 11: טלנט *talent* pour volonté.
וכסופה ib. 13: איקומאטרוביליון *et comme tourbillon.*
תתיפה v. 31 קומפליינט *complainte.*
צהלה Ch. V. v. 8 אנזיישמנט *hennissement*
כרוב V. 27 פרנק la *noun* est de trop; on devrait lire *Parc.*
Ibid פורצטראק"ץ *furenz detachez,* ancienne ortographe.
כסוס שוטף VIII. 6: אישפרידיר *esbridé.*

טראנקאנט IX. 7 חץ שהוט *tranchant.*

חסות Ésaïe XXX, 3: אבריאיר בל״ע; une légère correction nous donne *abriter,* excellente traduction de l'hébreu.

נידוף Ibid. דישטריביר de *detraction.*

אשפויישנט חשף *puisant.*

משט תרן *Mât.*

אווניר להנפה Il n'y a qu'un *Aléf* de trop pour avoir *vanner.*

פרינק כסן Freing.

כרובים *Keroubins* Dans *Emlammikra* j'ai contribué, si je ne m'abuse pas, à confirmer l'ancienne croyance de la figure enfantine des Chérubins. Un argument analogique m'a échappé alors, mais à fin qu'on ne se méprenne pas sur mes *intentions* dans des questions si jalouses de théologie, que l'on sache bien que quand je constate dans mes écrits certaines analogies entre notre théosophie et le Paganisme c'est seulement parce que je crois que la première, unique religion universelle au commencement, ainsi que les écoles théosophiques modernes le professent en Amérique, en France etc., a produit par des altérations toutes les parodies païennes, qui, comme telles, attestent son action. Je dis donc qu'il suffit se souvenir de côté de notre Théosophie du *petit visage, de l'enfant qui tête le sein maternel,* de l'autre côté, d'Horus précisément dans cette dernière attitude, d'Harpocrate, de Crisna, etc., pour se confirmer dans notre opinion sur les Chérubins.

צבאות *Tzebaot* Lanci, un très érudit hébraïste d'ailleurs, s'est trompé étrangement en voulant dériver ce nom de la racine araméenne צבא *vouloir, aimer,* et y voir le dieu très clément. Ésaïe paraît se charger de le réfuter en disant כן ירד ה' צבאות לצבוא où l'origine de צבא *armée, lutte* est montrée au doigt. Et au ch. XIII. v. 4 le même Ésaïe ה' צבאות מפקד צבא מלחמה « L'Éternel des armées fait la revue de l'armée, pour le combat; » nouvelle preuve.

אורים ותומים *Urim et Tummims.* Voyez ci-dessus art. כרוב׳ם *Keroubim* et la prémisse qui lui sert de fondement sur le rapport ethnico-judaïque. Elle est ici de nouveau notre point de départ dans la question de l'analogie égyptienne des Urims et Tummims. On sait que le juge suprême de l'Egypte ceignait une chaîne d'or et des pierres précieuses où l'on voyait incise l'image aux yeux clos, de la déesse Themis ou Isis.

Exode XXVIII ונתת אל חשן המשפט את האורים ואת התומים
30 « et tu placeras dans le pectoral de la justice les *Urim* et
Tummims » - Voyez Religion de l'antiquité ou Kreuzer Symbolick,
trad. franç. p. 544 Egypte Note 2. - Ici on doit invoquer non seulement la dite prémisse, mais aussi un argument tout spécial à
l'Égypte, qui nous vient d'où l'on croirait le moins et d'une
importance à nos yeux inestimable. C'est que dès le siècle XIV
ou XV explicitement les maîtres en Théosophie, on ne sait
trop par quel motif si ce n'est une ancienne tradition, nous disent
en termes exprès que l'Égypte est non-seulement géographique-
ment mais aussi doctrinalement le plus proche à la vérité, d'où
son nom de Mizraïm *limitrophe* à la sainteté מצרנית לקדושה
Un apologiste du XIX siècle n'aurait pu imaginer une Théorie
plus triomphante.

והשבית את הכמרים-כמרים II Rois XXIII. 5 - « Et il
abolit les prêtres. » Il se peut qu'ils s'appelaient ainsi pour
le culte qu'ils rendaient au *Soleil*. *Kamra* est un des noms
du soleil. Bérahot p. 40 b. En sanscrit Kum'ara prince ou grand.
Un roman porte le titre de *Dasa Kumara, Les deux princes.*
V. Revue indépend. XXIII, 3, 383. En arabe גמרא est le nom
de la Lune.

הבל Gésénius ne sait pas d'où vienne le mot araméen קבלא
ténèbres dans Onkélos : בתר דיעדי קבל ליליא-ויכש חשך Et pourtant c'est de קבלא ténèbres.

ויקרא שמו פלא יועץ אל גבור אבי עד שר שלום   Ésaïe IX 5.
Quand même nous fussions obligés d'appliquer ce nom de
אל גבור et d'אבי ע'ד à l'homme dont il s'agit, il ne s'en suivrait
pas la conséquence théologique qui paraît s'en suivre : sa divinité.
Dans les statues qui rappellent le nom d'Aménophis II, ce prince est
appelé « dieu vivant, seigneur du Monde » surnoms, dit Guignaut
(Relig. de l'antiquité, I. 936), qu'il a en communs avec la plus
part de Pharaons de la XVIII dynastie. Ce que pouvaient de
moins faire les Hébreux c'était d'adopter la nomenclature des
Païens sans adopter les motifs qui les inspiraient. Enfin si les
pierres portaient les noms de dieu (voy. Em lammicra II Exode
c. XVII, v. 15, ה' נסי) comment se formaliser si des hommes les
portent ? Dieu juste יהוצדק dieu sauveur יהושע sont des noms
d'hommes. Est-ce qu'on les croyait des dieux ?

כורש Ceux qui en niant l'inspiration voient dans la mention de Coréch, Cyrus, faite par Ésaïe une preuve de l'inautenticité de ce livre ne se souviennent pas que כורש ou Kourus était un titre général, comme celui de Pharaon en Égypte, qu'on donnait à tous les rois de Perse. Voy. Guignaut. Relig. de l'antiq. Perse f. 724.

חיל וחומה On observe dans Kimhi une contradiction, que je ne puis pas résoudre. Il dit (Ésaïe XXVI. 1) que חיל c'est la muraille plus basse qui est devant la plus haute, et dans la même ligne on lit que חיל est la fosse qui entoure la muraille, de l'araméen חילתא traduction de גיא

ויקרא אריה על מצפה אדני EsaÏe XXI, 6.

Il se peut que le prophète attribue à soi même ce titre d'*Arié Lion* de même qu'il s'appelle שומר gardien: אמר שומר (XXI, 12) Et cela parceque la figure du Lion était attribué aux gardiens des Temples ou des Monuments, c'est-à-dire aux Sphinx en Égypte et en Étiopie. En Nubie une vallée entière en est recouverte et les Arabes l'appellent וארי אסבועא *la vallée des Lions.*

מסכה Ainsi appelés les idoles, grâce à l'usage de l'onction qu'on faisait aux objets sacrés, d'autant plus probablement qu'on trouve מסכה tout court pour signifier l'acte de l'onction à titre de grandeur: Ésaïe XXX, 1.

תפת La description du Tofét en Ésaïe, si on ne veut point lui faire subir une violence incomportable, suppose quelque chose de bien plus terrible que le lieu de Jérusalem où l'on brûlait les enfants à Molok. On peut disputer lequel des deux a précédé et donné son nom à l'autre, le type mondain ou l'ultramondain, mais l'un sans l'autre sont inexplicables et l'un et l'autre se ressemblent non seulement du côté de la peine mais encore de celui du péché. Un grand pas a fait la critique moderne en voyant dans le Chéol non simplement la fosse sépulcrale mais la demeure souterraine des ombres. Moïse, qu'ils le veulent ou non, fait le reste en parlant du feu qui s'allume dans les narines (אפי *appi* narines et colère) de dieu et qui éclate dans le Chéol plus profond. Nous ne faisons qu'effleurer la question, plus approfondie dans Em lammicra (V. p. 131-2) mais qui peut l'être encore assez plus.

ÉLIE BENAMOZEGH

SOURCES RABBINIQUES

DES SIX PREMIERS SIÈCLES

DE L'È. V.

LIVOURNE

S BELFORTE ET C.ie

1897

Sources rabbiniques

(MISCHNA, TALMUD, ETC.)

USAGES ET COUTUMES

Charité. — Chaque jour trois personnes se présentaient aux maisons pour recueillir le plus qu'elles pouvaient d'alimens en nature, qui étaient distribués le jour même. Cela s'appelait *Tamhoui* תמחוי. La Kouppa קופה qui servait à entretenir les pauvres chaque semaine, était distribuée le vendredi en argent. Voy. Mischna, Péa ch. VII, 7.

Commerce. — Le commerce produisait au temps des Tannaïms le quadruple de ce qu'il aurait produit placé en intérêt. On disait « Cinquante monnaies qui travaillent rendent autant que deux cents qui ne travaillent pas. »

Famille. — La belle-mère dirigeait les affaires domestiques. D'elle on dit qu'elle aime le bon ordre de sa fille, et l'estime de son gendre. Voy. Mischna, Demaï ch. III.

Aubergistes. — Elles étaient malfamées puisque Jonathan traduit pour Rahab et pour la mère de Jephté le mot *Zona* — prostituée — par *aubergiste*. Il est improbable qu'il ait compris *Zona* dans le sens de *nourrir*, négligeant l'habitation. Il est non moins improbable qu'il ait voulu ménager l'amie des messagers, de l'inspiré de Dieu, la protégée de Dieu et la mère d'un juge d'Israël, car ainsi que le remarque à bon droit Kimhi, les deux *Zonot* qui se présentent à Salomon pour son fameux jugement sont appelées elles aussi *foundikan*, aubergistes. D'ailleurs cette

classe était suspecte aussi d'autres méfaits (Voy. Démaï ch. III
§ 5): de vol, par exemple. Enfin l'aubergiste sert de terme extrême
de comparaison avec la fille d'Aaron, type de sainteté dans le
proverbe כהנת כפונדקית תהא ולא « Comment l'*Aronide* ne vau-
drait autant que *l'aubergiste*? „

Alimens. — On grillait le grain et, reduit en poudre, on en
faisait la *Schétita*, la même chose que le *Nikoudim* de la Bible
selon Raschi. Voy. I Rois, ch. XIV.

Mariage. — Le premier samedi du mariage on offrait un
banquet aux amis et aux parens. Voy. Démaï ch. III § 2.

Boulanger. — Il y en avait de plus d'une espèce: 1.° Le
Nahtom qui vendait le grain plus souvent en gros, parfois en
détail et le pain aussi en gros (Voy. Démaï ch. II et V) et que
la loi religieuse dispensait de la prélévation de la dîme pour le
compenser des dispositions onéreuses qu'édictait contre eux la
loi romaine. 2.° Le *Paltar*, le vendeur de pain en détail dans
les rues. 3.° Le *Mampos*, le vendeur de pain de diverses
fabriques.

Vin. — Il y avait une espèce qui portait le nom de *vin
adriénien*, d'Adrien l'empereur. On préférait le vin blanc. Voy.
Kétubbot. p. 13.

Agriculture. — Le maître des champs les cédait pour un
certain temps à un *Aris* pour la culture, qui-partageait avec
le propriétaire. La loi tendait à favoriser cette sorte de contrats.
Voy. Démaï Ch. VII § 1 e 2. Le joug employé dans la plaine
était long deux bras et large autant; celui employé en montagne
assez plus petit. On pratiquait des onctions de matières fétides
sur les arbres afin d'en éloigner ou de tuer des parassites qui
auraient nui à l'arbre.

Linge. — On employait des essuyemains et des manteaux
pour essuyer toute la personne. Les barbiers en avaient d'une
forme particulière qu'on enfilait par la tête. Voy. Kilaïm. Ch. IX.

Habits. — Ils étaient sujets à des impôts. Voy. Mischna
Kilaïm IX § 2. Il y avait des vendeurs d'habits confectionnés,
et d'outre-mer venaient deux espèces de couvertures, l'une de
tissu plus fin, l'autre de plus gros. On faisait des souliers avec
le rebut de la laine (ibid) et les bas s'appelaient *dalmatiquin*.
Pourquoi?

Constructions. — Il y avait des spéculateurs qui se chargeaient d'en élever pour un prix déterminé. Mischna Schébi'it ch. III § 10.

Police municipale. — Schébi'it ch III. §. 10. Celui qui élève une haie entre son domaine et le domaine public, il lui est permis de creuser jusqu'au tuf. Que fera-t-il de la terre? Il l'amoncelera dans le domaine public et il la mettra en ordre. C'est ce que pense R. Iéoschouagh. R. Akiba dit: Comme on ne doit pas faire de dégâts, de même on ne doit pas se charger de l'ordre dans le domaine public.

Alimens. — Les faisans étaient très recherchés. On les cite comme un plat princier. On dit: « Il y a des fils qui présentent à leurs parents des faisans à manger, et toutefois par leurs actes peu délicats sont déstinés à la Géhenne, comme il y a par contre des fils qui font travailler leurs parents aux moulins et hériteront le monde à venir par leurs amoureux égards. Voy. Talmud Joma p. 75.

Repas. — Quand est-ce que le repas commence? Rab dit: « quand on s'est lavé les mains ». R. Hanina dit: « quand on se lâche la ceinture ». Et ils ne se contredisent pas. Rab parle de la Babylone. Voy. Kimhi en Ezéchiel, ch. XXIII sur le verset qui dit pour les Babyloniens qu'ils portent une ceinture dans leurs flancs.

Curiosités du culte. — Le Chohet ou l'abatteur des animaux était lui-même le fournisseur de leur chair. De là la prescription de se procurer trois couteaux, l'un pour tuer l'animal, l'autre pour découper sa chair, et le troisième pour découper le *Hélèb*.

Abdala. — Sur le vin n'était pratiquée en général que par les Rabbins. Voy. Talmud, Mezi'a p. 42 a. Et elle n'entra en vigueur qu'à une époque d'aisance. (ibid et Bérahot p. 53).

Pain. — La bénédiction et la rupture du pain consistait à en donner à chacun des convives ce que l'on croyait nécessaire *pour tout le repas.* De là la règle: « Le chef de famille rompra le pain afin qu'il en fournisse abondamment » Talmud. Bérahot p. 46, a.

Usage de la fourchette. — Voy. Talmud Nedarim p. 6. R. Jéouda et R. José étant à table, l'un mangeait la *Déyasa* avec ses doigts, l'autre avec un *pinçon, uza.* Le premier dit au second:

« Iusqu'à quand me feras-tu manger ta salive ? « Et le second au premier: » Iusqu'à quand me donneras-tu à manger la saleté de tes doigts ? » Et ibid: Un homme confia un de ses esclaves à son compagnon afin qu'il lui apprît mille recettes de cuisine. Il lui en enseigna huit-cents. L'autre l'appela en jugement devant Iéhouda le saint. Celui-ci dit alors « nos pères dirent: nous avons oublié le bien être, quant à nous ne l'avons pas même vu de nos yeux. » À ce propos il nous revient à la mémoire le mot de Kotzbue sur les traiteurs de Paris qui savent accomoder le bœuf de 42 manières.

Les cendres dans les jeûnes publics. R. Jehouda ben Pazı proclamait dans la synagogue: " celui au quel ne s'est pas présenté le *Chaliah Zibbour* pour lui répandre de la cendre sur la tête, qu'il la prenne de ses propres mains, et se la pose sur la tête. „ Voy. Jalkout Sim'oni (ed. Vénise vol. I p. 25).

Lecture publique, de nouveau genre. Voy. Beréchit Rabba. Sect. LI. " Il n'y a pas un Sabbat où l'on ne lise l'histoire de Lote (?!) „ Le Commentaire affirme que c'était l'usage alors. Porquoi ? Est-ce pour sa punition ?

Prédication. Un auditoire qui dort. — Rabbi Jéhouda le Saint prêchait et le public sommeillait. Pour le secouer il dit: " Une seule femme en Égypte accoucha d'une seule fois de soixante myriades d'enfants. „ Voy. Jalkout vol. I. p. 29. Cette anecdote n'a pas seulement un intérêt de curiosité. Il nous éclaire d'abord sur la nature de ces hyperboles dont il y a dans les livres rabbiniques anciens tant d'abondance, en nous montrant qu'il ne faut pas les prendre au pied de la lettre. Autrement on ne dirait pas qu'on les débitait pour et quand il fallait éveiller l'attention de l'audience. Mais le resultat n'est pas seulement negatif, et le succès ne pouvait pas être un succès purement d'hilarité: il faut admettre en outre qu'il y avait dans ces sorties un sens métaphorique qu'on se reservait à faire connaître quand l'attention fût éveillée: autrement le prédicateur se serait transformé en saltimbanque et l'attention au lieu de s'éveiller se serait assoupie davantage. Un autre fait semblable, mais seulement en apparence, car, malgré son aspect paradoxal, la science ne le rejette pas: R. Abbou-prêchant au public, il lui arriva de dire que Mordehaï quand Esther tètait encore, un jour qu'il n'avait pas de nourrice il se l'attacha au sein pour la calmer et le lait aussitôt de couler. Le public se prit à rire. A quoi R. Abhou répondit : " N'est-ce pas la Mischna qui le dit « le lait du mâle est pur ? „ Voy. Jalkout scim'oni v. I. p. 13.

Synagogues et écoles, quatre-cent quatre-vingts oratoires il y avait à Jérusalem, et à chacun était annexée une école pour l'étude de la Bible et une autre pour l'étude de la Mischna ou Tradition. Voy. Midrasc Éha au verset : בלע ה' ולא חמל

Synagogues. — On les fabriquait souvent avec la terre que l'on exportait de Palestine. Voy. Arouh au mot שף. Dans quelqu'une on employait les pierres mêmes tirées des ruines du Temple de Jérusalem.

Connaissances scientifiques. Médecine et Physiologie. — Sur le verset d'Ésaïe " *L'eau est établie par Dieu avec mesure* „ „ Il y a un équilibre dans l'homme, moitié eau et moitié sang ; quand il le mérite ni l'eau — la lymphe — surpasse le sang, ni le sang surpasse la lymphe : et parfois quand il doit être chatié ou la lymphe surpasse le sang et il devient *hydropicos* אדרופיקוס ou le sang surpasse la lymphe et il devient lépreux (id. p. 134.)

Anatomie. Autopsie. Necroscopie. — R. Jéhouda dit au nom de Samuël (du Talmud) : Il arriva que les disciples de R. Ismaël bouillirent une esclave qui avait été condamnée à être brulée par le Gouvernement et on y compta jusqu'à deux cent cinquante deux parties. Voy. Talmud Bérahot. ch. אלו מומין

Hémorroïdes. — Sur la malédiction de Moïse : " *dieu t'enverra consommation des yeux et tristesse du coeur.* „ Quelle est la chose qui produit ces effets ? Ce sont les hémorroïdes.

Sel. — Que l'homme ne rompe le pain jusqu'à ce que l'on ne porte devant lui du *sel* on du לפתן. Les païens plaçaient sur la table certaines statuettes à côté desquelles on mettait le sel et par cela ils croyaient consacrer la table, considérant le *sel* comme chose sacrée. Ovide (Fast. I) dit que le sel a la puissance de concilier aux hommes la bienveillance de la divinité : « Ante deos homini quod conciliare valeret - Far erat et *puri* lucida mica *salis* » Homère l'appelle le *divin sel*, et Platon ajoutait que le sel est grand ami et très proche de la divinité, étant inséparable des anciens sacrifices. Dans l'antiquité en général on attribuait au sel une vertu purificatoire. Voy. Maury. Hist. des rel. de la

Grèce II. 144 Voy. Maii dissertatio de usu salis symb. in rebus sacris, Giessen (1692). Moïse à son tour dit : ‎ולא תשבית מלח‎ ‎ברית אלהיך‎ Lévit. 2, v. 13. Pythagore impose formellement à ses disciples de placer le sel sur la table en souvenir de la justice dont il est le symbole. Les rites judaïques disposent que c'est œuvre pieuse de placer sur la table du sel avant de rompre le pain, la table étant le représentant de l'autel : le sel sauve du châtiment et R. Izhac Loria enseigne que selon la doctrine ésotérique le sel est nécessaire même pour le pain blanc. Voy. Plutarque. Disp. conv. V. 10 - Voy. aussi Gioberti, Protologia v. II. p. 107. Quant à l'importance thérapeutique du sel dans la migraine et dans l'épilepsie voy. Revue scientifique vol. XVI p. 718, où l'on affirme que le sel « a une action sur les centres nerveux » et où l'on conclut que « dans tous les cas le sel peut être considéré comme un principe alimentaire très hygiénique. »

Médecine. — Les Tosafistes posent parfois comme principe que les dispositions physiques des hommes varient après des siècles; p. ex. du temps des Talmudistes au nôtre ‎נשתנו הטבעים‎. Ce qui en paraît un grave indice c'est qu'un si grand nombre de médicaments qui étaient réputés si utiles par Hyppocrate et d'autres anciens, aujourd'hui sont considérés comme une bien pauvre thérapeutique: p. ex. le choux, les asperges, le vin etc.

Médecin. — Le médecin était de même pharmacien. Voy. Mischna, Kélim. ch. XII.

Géologie. — « Si la terre est grasse ou maigre » (Nombres XIII, 20) c'est-à-dire si ses produits sont gras ou legers. Il leur dit: observez ses pierres et ses cailloux, s'ils sont de ‎צונמא‎ le produit est gras, et si de ‎חרסית‎ il est maigre.

Botanique. — On raconte dans le Midrach Rabba de deux Palmiers mâle et femelle qui se fécondaient à une très grande distance et, si je me souviens bien, à travers des obstacles. Le Zohar régistre un fait non moins singulier pour confirmer son principe si chéri que tout au monde est mâle et femelle. Or je lis dans l'auteur italien Verati vol. IV p. 268 : « c'est chose vraiment digne d'attention, dit le Prof. Gaetano Savi, ce qu'on raconte d'un Palmier mâle de Brindes et d'un palmier femelle d'Otrante. Celui-ci quoique florissant était stérile. C'est seulement quand l'un et l'autre crûrent de manière que les organes sexuels se trouvèrent au-dessus des obstacles qui s'opposaient à la *communication directe* entre eux, que la femelle produisit des fruits.

Missionnaires ou collecteurs de terre sainte dans la Diaspora. En 1854 (?) un Congrès des représentants des Universités israélites italiennes se réunit à Ferrare pour abolir ces missions. L'auteur de ces lignes publia dans cette occasion une brochure en faveur de leur conservation. Un des arguments était leur très haute antiquité. Je lis à présent dans Jalkout (éd. Venise I, 275 col. 4) sur le verset des Proverbes: Les dons de l'homme lui ouvrent la voie. - Il arriva une fois que R. Eliezer, R. Jéosciuag et R. 'Akiba (très anciens et très grands) se portèrent à Antioche pour s'occuper de la *perception des Docteurs*. Là vivait un certain Abba Joudan etc. etc.

Prédication. — Se composait d'instructions rituaires et morales. Talmoud Mézi'a p. 64, Schabbat ch. כל כתב' et Rachi ibid.

Percepteurs du fisc. Publicains. — Un compagnon חבר (ce que c'était le *Habèr*, au commencement de l'E. C. est une des plus belles, difficiles et importantes questions de ces études; quelque lumière va apporter ce passage aussi) un *habèr*, qui se fait *percepteur* doit être repoussé. Rab Hounna fils de Hüà se trouva dans de fâcheuses circonstances (il faut sousentendre qu'il accepta la charge de percepteur). Rabba et Rab Joseph et quatre cents couples de docteurs étaient habitués d'aller chez lui et il les recevait d'une façon princière. - Quand ils apprirent qu'il devint percepteur, ils lui envoyèrent dire qu'ils se passaient de ses honneurs et de ses receptions. Il leur envoya répondre: Je fais amende honorable. R. Joseph n'y alla pas. Rabba y alla (Talm. Bérah. Ch. IV). C'étaient les publicains des Evangiles.

Myrthe. — L'histoire sacrée de ce végétal serait curieuse à faire. Quant aux païens elle est assez connue. Quant aux Juifs, surtout de l'époque rabbinique, elle serait curieuse et instructive. Nous détachons une page de notre réfutation à Léon de Modène « Emat Mafghia » ouvrage peu connu à sa naissance (1852) - que serait-il aujourd'hui ? - punition méritée pour n'avoir pas connu la diplomatie pas même d'auteur, en faisant annoncer mes écrits et avoir négligé Mess. les Libraires, faute dont je fais amende honorable. « L'usage du Myrthe à la sortie du Sabbat n'a pas de mention ni dans la Michna ni dans le Thalmud ni dans les Midrachim. Le Tour et le Bet Joseph l'appellent un usage universel reçu de nos ancêtres et qui vaut autant que la Thora. Cette *universalité* considerée vis-à-vis des obstacles énormes qu'aurait eu à surmonter un usage né après l'exil, et vis-à-vis de l'expérience qui nous montre des variations et des incertitudes dans la pratique de l'exil touchant des sujets bien autrement graves que celui-ci, cette universalité de l'usage, dis-je, nous oblige à admettre que la naissance remonte à un âge antérieur à l'exil où tous les Juifs l'auraient porté dans leur bagage religieux. D'autre part le Myrthe ne règne pas seulement à la sortie du Sabbat; on le plaçait à la tête et aux pieds des trépassés et ses rameaux qui vont se rencontrer partant du Cercueil des deux docteurs qui se taquinaient en vie est pour les assistants un signe de pacification (Nidda ch. IV.) Les justes sont appelés par les Docteurs, se fondant sur la Bible, *adassim*, des myrthes. Et la Bible même appelle *Esther adassa*. Un des ascètes les plus grands de la Michna, R. Jéhouda ben Elhaï, en dansant dans des noces tenait à la main deux branches de myrthe et si le feu céleste descendit à sa mort ses collègues en tirent un mérite à cette pratique. Si le myrthe ne figure pas dans le Thalmud à la sortie du Sabbat, en revanche il figure bien à son entrée. On en prenait deux rameaux et on allait à l'ouvert à la rencontre du Sabbat. Plaçons en face de ces actes donnés dans les livres exotériques sans théorie, les théories kabbalistiques et l'on verra aussitôt sauter aux yeux leurs nombreux points de conjonction de manière à devoir s'écrier: Voilà deux parties d'un seul tout. Des dix Séphirot les sept dernières représentent les sept jours de la semaine dont le septième, le principe féminin, l'épouse, la passivité, la lune, la nature, le dieu immanent, dieu dans le Monde (Renan), le Téocosme, la Schéhina, appelée Schabbat a pour symbole le myrthe comme Venus; et le nom d'*Esther*, en persan, synonime d'*Adassa* en hébreu, est le nom de Venus, (trad. de Nogà par Jonathan) et dans le Thalmud (Méghilla ch. 1) Esther équivaut à Lune en langue persan (voy. Rachi ibid.).

Costume des Rabbins aux temps thalmudiques. Il paraît, quoique peu connu, qu'ils s'habillaient de noir. En Palestine et aux temps des Thannaïtes ils se vêtaient de blanc דומים למלאכי השרת (Sota III) Rab Hanin portait des habits noirs (voy. Rachi, ibid.) « Le Tribunal céleste se venge de ceux qui s'habillent de noir, » c'est-à-dire qui portent des habits rabbiniques pour tromper le monde. D'après cette coutume je crois qu'on doit adopter une autre interprétation du conseil, sans doute ironique, qu'on donne quelque part dans le Thalmud. On y lit: « *Si quelqu'un voit que ses mauvais istincts, sont sur le point d'usurper l'empire sur lui, qu'il aille où il n'est pas connu, qu'il s'habille et se couvre de noir, et qu'il fassé ce que bon lui semble.* » Cet habillement noir est généralement expliqué comme un moyen de contrition qui fait évanouir toute pensée peccamineuse. Explication pas assez naturelle ni fidèle au ton ironique de l'ensemble. Ces défauts seraient supprimés en voyant dans ces habits noirs le costume des Pharisiens qu'on suggère ironiquement d'adopter pour donner le change au public. D'ailleurs l'imprécation lancée ci-dessus contre ceux qui recourent à ces déhors hypocrites, ne le prouve t-elle à suffisance?

Hallel. — À chaque verset ou fragment que disait le ministre, le peuple répondait par le premier mot: *Alleluïa* de manière qu'on le repetait 123 fois. Au temps de R. Akiba cet usage existait déjà, car il dit que le Cantique de la mère Rouge fut chanté à la façon de l'Hallel, et, à la vérité, le premier verset est justement celui que le texte même met sur la bouche des femmes comme une réponse.

Agitation du corps durant la prière. — Cet usage qui dure encore chez les Juifs africains et orientaux remonte à l'antiquité talmudique qui à son tour le fait remonter jusqu'à l'auteur des Psaumes et plus précisément à celui du verset qui dit: « Tous mes os disent. O Dieu qui y a-t-il comme toi? »; paroles qu'on interprète ainsi: « David dit à Dieu: Je te loue avec tous mes membres et je remplis avec eux tes commandements : *avec ma tête en l'agitant* durant la lecture, dans ma prière etc. Voy. Jalkout Simoni v. II. p. 102 éd. Venise et Voy. aussi Kimhi (in loco).

Origine du Shofar dans le mois d'Ellúl. — On lit (Ialkout Shim'oni, éd. Venise v. I p. 105 col. 4): Le premier Elul, Moïse monta sur le Sinaï et au son du Schofar on annonça dans tout le camp israélite que Moïse allait monter au Sinaï, afin qu'ils ne retombassent dans le pèché d'idolatrie. Dieu se complut de ce Schofar, selon ce qui est dit: « *Dieu s'élève avec la Térou'a, l'Éternel par le son du Schofar.* » C'est pourquoi les sages ont établi de sonner le Shofar au premier Éloul de tous les ans.

Les poissons jugulés שחיטה — Un Jacob du village Neburia à Tyr enseigna que les poissons exigent la jugulation, ce qu'ayant appris R. Hagghaï le cita devant lui et lui demanda: D'où as-tu tiré cet enseignement? — De ce texte de la Génèse — répondit-il — où on lit: « Que les eaux produisent des animaux vivants et les oiseaux volent, etc. »; les voilà donc comparés. — Et R. Hagghaï pour toute réponse: — Couchez-le, dit-il, et qu'il recoive la discipline (*malkout*) — Ets-ce, dit l'autre, que pour avoir dit la parole de la Loi un homme reçoit la discipline? — Non, reprit R. Hagghaï, c'est parce que tu n'a pas bien enseigné. — N'a-t-il pas dit Moïse notre maître: « Est-ce qu'en jugulant des brébis et des boeufs, ou en retirant tous les poissons de la mer qu'ils en auront assez? » (Nombres XI. 22) Voilà donc que la jugulation est reservée pour les brébis et les boeufs et que pour les poissons il n'y a qu'à les retirer de la mer. — (Talmoud de Jérusalem et Jalkout Schim'oni v. I).

Jeux du Cirque. — Les Rabbins, paraît-il, y faisaient quelquefois acte de présence, puisqu'on dit que ce serait malséant (Midrach Tanhouma, Sec. Aharé Mot).

Longues absences studieuses. — Outre les absences nocturnes dont on fait un mérite aux femmes qui s'arrachent le sommeil des yeux pour attendre leurs maris מנדרות שינה מעיניהן nous trouvons mention de R. Réhoumaï qui ne revenait chez lui de *Mahouza* que la veille du Kippour, de même de R. Hanina ben Hahinaï, de R. Hama fils de Bissa et enfin de R. Akiba qui tous s'arrêtent dans ces centres lointains pour *douze ans*, nombre, paraît-il, réglementaire ou habituel.

Table. — Chacun en avait une petite — Talmud, Bérahot. « Immédiatement on lui apporta sa table. » Et Rachi: « sa table à lui, car devant chaque convive on apportait une petite table. » Tacite affirme la même chose des Germains. Ulysse en honorant les ambassadeurs étrangers, donna ordre qu'on mît devant chacun sa table particulière.

Zizit aux Morts. — Selon le Thalmud c'est obligatoire de les eu rêvetir. (Ménahot ch. Attéchélét). Toutefois dans Masséhét Semahot un Abba Saül, qui doit être bien ancien, ordonna qu'à sa mort on ôtât les *Ziziiot* de son habit. On voit dans les Tosaphot (Menahot, ibid.) que, malgré la Thalmud, à leur temps on pratiquait tout autrement. Ce n'est pas la première fois que la pratique même générale israélite est contraire au Thalmud. Ce phénomène très important n'a, à mon avis, qu'une seule explication possible : — un courant traditionnel anti-thalmudique et extra-thalmudique. Dans notre cas il y a une circonstance qui en rehausse l'intérêt et qui confirme notre hypothèse. C'est que nous pouvons saisir un premier anneau de cette chaîne traditionnelle dans la personne d'Abba Saiil et *ab uno disce omnes*. R. Tam donne, il est vrai, deux raisons de cette dérogation au Thalmud. L'une c'est que celui ci ne parlait que pour des temps où le Zizit était l'habit ordinaire, l'autre c'est que la valeur arithmétique de la parole Zizit, en y ajoutant les huit fils dont il se compose, forme le nombre de 613, celui des préceptes. Ce serait une louange mensongère que d'affirmer leur complète observance de la part du defunt.. Ce langage ferait croire que nous avons affaire ici avec une dérogation vraie et propre. En réalité ce n'est qu'un mirage. Le système de donner des explications qui ont l'air de motif ou de cause déterminante est assez commun chez les Rabbins, et c'en est un des exemples. Une autre habitude y a contribué: celle de tâcher du justifier un usage établi en Israël, même quand les apparences lui sont contraires, grâce, peut-être, à cette présomption que son origine doit être supposée légitime jusqu'à preuve du contraire, c'est-à-dire, comme nous le disions ci-dessus, l'autorité de la Tradition.

Périodes cosmiques et géologiques dans le Pharisaïsme des premiers siècles de l'E. C. — Deux de ces traces précieuses, soot les suivantes: I. Béreschit Rabba: R. Jéhouda bar Simon dit sur le verset « et il fut soir et il fut matin jour premier » *on apprend d'ici qu'un ordre de temps avait précédé*. Laissons de côté la valeur de la preuve quelle qu'elle soit: l'essentiel c'est l'affirmation des *temps antérieurs*. Encore plus clairement nous lisons (ibidem) « Avant ce monde Dieu a créé et diétruits d'autres mondes en disant pour chacun « celui-ci me plaît et l'autre non. » Ces textes et d'autres encore dans leur sens le plus litteral sont un trésor dont nous devons être très jaloux et que peut être d'autres religions nous envient ou devraient nous envier. Toutefois je ne veux pas priver le lecteur de deux petites notes que sur ces textes je rédigeait en hébreu à dix-huit ans quand je n'avais pas encore le courage très salutaire d'accepter telles quelles les prémisses de la Géologie. Sur le premier j'écrivais: Maïmonide, dans le Moré, en voulant prouver contre Aristote la nouveauté du Monde a dit que le temps est une des choses créées puisqu'il est un phénomène attaché au mouvement. Il cite ensuite l'opinion de R. Jéhouda bar Simon; il y voit la doctrine de l'éternité du monde et conclut que le fidel doit la rejeter. Or les astres ayant été créés au quatrième jour, on pourrait demander à Maïmonide comment il y eut antérieurement un temps sans mouvement. Il se pourrait qu'il répondît qu'il y eut un temps en puissance et non en acte, ou bien que les astres furent créés dès le commencement quoiqu'ils n'aient pris leur place qu'au qua-trième jour selon une ancienne opinion. Surtout comment est-il possible qu'une doctrine hérétical ait été introduite dans un livre orthodoxe au nom des plus grandi rabbins? C'est pourquoi on peut dire que Maïmonide aurait dû comprendre dans ces mots incriminés *ordre de temps* non le temps lui même, mais sa mesure, sa partition, sa distribution et puisque ce ne fut par le moyen des astres, il faut dire que ce fut par le mouvement, quel qu'il fut, de la matière et de ses atomes. L'autre texte rabbinique, dont ci-dessus, je le trouve espliqué alors par la doctrine de Leibnitz *du meilleur des mondes possibles* et cette successive création et destruction dont on y parle seraient non réelles mais idéales, des types enfin qui se succédèrent dans l'intelligence divine comme ferait l'artiste qui s'arrête enfin à celui qu'il croit meilleur. Langage anthropomorphique pour faire mieux comprendre la chose. V. *Emlammikra* v. I, in loco.

. Ob. — *Mischna Sanhédrin* ch 7, § 6. L'*Ob* c'est Pithon qui se fait entendre de ses aisselles. Voyez le commentaire de *Barthénora* suivi en partie par *Tosaphot Jom Tob.* Selon ce com-

mentaire l' *Ob* et celui qui parle de ses aisselles seraient
deux choses distinctes, en lisant : *et celui qui se fait entendre,*
le premier répondant par la bouche, l'autre par les aisselles.
À la vérité il n'y a point de raison pour en faire deux
espèces, la différence n'influant en rien sur la valeur de l' acte.
En outre le texte mosaïque ne mentionnant que l'*ob* ce serait
une addition toute arbitraire y ajouter quelque chose que la loi
n'a point prohibé. On ne peut d'ailleurs méconnaître que l'intention dans la *Misna* est d'expliquer une à une les formes de
divination interdite dans ce passage du Deuteronome, pas autre
chose. Qu'il nous soit permis de rétablir le vrai sens de la
Misna à l'aide d'un passage de Plutarque dans le traité sur la
Cessation des oracles. « Ce serait une bien grande sottise
*que de croire que le Dieu entre dans le corps de ceux qui
parlent de leur intérieur qui s'appelaient jadis Euricléen et
à présent portent le nom de Piton.* » Raschi dans son commentaire sur le Pentateuque sur le mot שואל אוב fait, comme
nous le disons, une seule chose de Pithon et de qui parle de
ses aisselles.

Fertilité de la Palestine. — Les Docteurs anciens nous ont
laissé une observation sur la décroissante fertilité, qui mérite
attention. Voy Thalmud de Jérusalem, Jeîé Marhe p. 40 b.:
« *Au temps de R. Johanan la terre était ancore fertile, au
temps de R. Amé elle l'était moins.* » Suit une exclamation pa-
triotiquement sublime : « *Qu'elle est impudente la Terre Sainte
en donnant encore des fruits !* » Cette exclamation nous en rap-
pelle une autre non moins sublime quoique assez moins pieuse.
Une fois le *ciel* resta sourd aux prières pour la pluie. Un docteur s'écria : « *Qu'il est effronté le firmament !* » C'est un écho un
peu sourd et lointain des plaintes audacieuses des Prophètes contre
le gouvernement providentiel.

Synagogues. — Je lis dans Deani vol. 16 p. 293 : Quand
Costantin commença à établir le trône des Césars sur les
rives du Bosphore il emporta de Rome la terre même
qui devait servir de base aux monuments qu'il se proposait
d'élever en l'honneur des apôtres. Car il ne croyait pas
pouvoir mieux honorer la foi embrassée et ses premiers
champions qu'en transportant dans ce but saint la terre de

la ville même qui en était le centre et qui avait été arrosée de
leur sang.

Synagogues à Jérusalem. — Elles se distinguaient selon les
pays d'où provenaient ceux qui les fondaient et les fréquentaient,
qui portaient toujours la dénomination de leur pays d'origine.
Ainsi il y en avait des Tharsiim, des Babyloniens. Voy. Misna
Nazir, Joma et Ménahot. Voy, Actes des apôtres VI. 9 : « Et
quelques uns de ceux de la synagogue des Libertins, des Cyré-
niens, des Alexandrins, de ceux de Cilicie et d'Asie. »

Gouvernement de la Synagogue. — L'économe ou admini-
strateur qui s'appelait dès la plus haute antiquité *Parnas*, comme
faisaient de nos jours les émigrans espagnols, (Voy. Thalm. Jé-
rus. p. 41) était exposé aux médisances et aux moqueries
qu'il supportant patiemment en disant : « C'est ainsi que nous
aurons mérité de dieu une bonne récompensé. » Un trés beau et
très significatif usage était celui de leur placer, à leur nomina-
tion, entre leurs bras le rouleau de la Loi pour leur apprendre,
dit le Thalmud palestinien, que toute autorité provient de la Loi.
Qui sait si on ne voulait leur insinuer qu'ils devaient désormais
protection et fidélité au Judaïsme qui leur était confié? En ce cas
il ne serait pas mal de remettre cette jolie pratique en honneur.

**Formation des animaux par la terre humide: Rekak בהמות
מן הרקק נבראו** — Laissant de côté les modernes, nous savons
des anciens que *Anaximandre*, disciple et ami de Thalès, le premier philosophe de la Grèce, professait la même opinion. Si la
maxime rabbinique est un emprunt, ce qui est au moins dou-
teux, cela prouverait tout au moins deux choses : l'une que la
culture scientifique de leur temps ne manquait pas à ces hommes
si décriés ; la seconde que tout en profitant de la science des
autres ils savaient choisir ; et la preuve c'est que le même Anaximandre ne sachant pas, et à très bonne raison, comment expliquer la préservation et le développement physico-moral du premier
homme privé qu'il était de parens et de soins, imagina qu'il
fût d'abord formé dans le ventre d'un poisson où il se développa
jusqu'à ce qu'ayant acquis les forces nécessaires pour vivre, le
poisson le rejeta, nouveau Jonas, à terre: fable dont il n'y a le
premier mot chez les Rabbins. En revanche Anaximandre
n'est pas le seul dans ce système sur l'origine des animaux de

ÉLIE BENAMOZEGH

DE L'ORIGINE

DES

DOGMES CHRÉTIENS

LIVOURNE
S BELFORTE ET C.ie
1897

DE L'ORIGINE DES DOGMES CRHÉTIENS

CHAPITRE PREMIER

Des origines qu'on a proposées
et de l'origine judéo-kabbalistiqne en général.

Du Monothéisme populaire des Juifs. — Son impuissance à expliquer le Christianisme. — Nécessité d'un rapport de filiation entre le Christianisme et le Judaïsme. — Nécessaire selon la libre critique. — Non moins nécessaire pour l'orthodoxie chrétienne. — Aveu de part et d'autre. — Absence d'une démostration scientifique. — Interprétation allégorique des écritures. — Doctrines reservées dans le Judaïsme. — Effets de les avoir méconnues. — De l'origine platonicienne des dogmes chrétiens. — Système delaissé. — Les Evaugiles contiennent les plus essentiels des dogmes chrétiens. — Influence exclusive du Judaïsme sur les Évaugiles. — Des Pères apostoliques. — Étrangers a toute influence païenne. — Les Pères du deuxieme siècle. — Impossibilité qu'ils soient les auteurs du Christianisme définitif. — Pères Platoniciens. — Ils sont en petit nombre. — Invraisemblance d'une révolution operée par eux dans le Christianisme. — Par les dates. — Par les opinions déjà établies dans l'église. — Ils croient Platon la source des heresies. — Véritable influence du Platonisme. — Sa méthode et son langage, Influence analogue de l'Aristotelisme au moyen âge. — Des louanges qu'on accorde à Platon. — Leur valeur. — Invraisemblance d'une origine philosophique des religions. — Exemple du Néoplatonisme, les tentatives religieuses echouées.

Quand le grand intéret qui s'attache à l'examen d'une des plus considérables phases religieuses de l'humanité, nous pousse à considérer le Christianisme dans son origine, lorsque nous nous rappelons le lieu ou il est nè, les hommes qui presidèrent à sa naissance, les croyances enfin qui les constituent, quand par conséquence nous tournons les yeux à la Palestine, aux idèes qni jusqu'ici on s'était habitué à y voir régner au temps de Jésus, quand nous songeons à cet hébraïsme populaire à ce simple, à cet austère monothéisme que plusieurs croient l'unique la véritable caractéristique de l'hébraïsme, au delà du quel on se refuse de rien admettre, on se demande avec étonnement où est le lien, où est ce rapport inévitable que l'histoire nous indique invariablement entre le lieu, les hommes, les idées, les circonstances au milieu des quelles nait une religion, et cette religion elle même, et par conséquence par où ce Christianisme du Verbe, de la Trinité, de l'Incarnation, tient à ce Monothéisme qui semble en être la plus grande, la plus solennelle, la plus éclatante négation.

Ce rapport que nous croyons nécessaire entre l'Hébraïsme, et le Christianisme, ce point de contact que nous cherchons d'où le Christianisme, même si l'on veut se modifiant dans la suite, se serait primitivement detaché del Héhraïsme, il n'y a, nous osons le dire, aucun système aucune opinion qui veuille qui puisse en nier l'existence. Est ce la critique rationaliste? Mais elle en a toujours consacré le principe, ella à cru que son point naturel de depart c'était le terrain juif où les materiaux du Christianisme ont èté dans l'origine recueillis et mis en ordre ; elle s'est fait une loi de chercher avec les plus hardis de ces pionniers comme le D. Frederic Strauss de trouver non seulement dans l'Hebraisme biblique, mais aussi dans le rabbinique les premiers élémens qui composèrent le Christianisme des Evangiles ; et j ose ajouter qu il n'y a personne pourvu qu'elle reconnaisse la seule raison à juge dans ces recherches historiques, qui puisse faire abstraction dans l'explication de l'origine du Christianisme, de la Religion de Jesus et des apotres, d'une religion de la quelle la nouvelle foi se disait la continuation et l'accomplissement. (1)

(1) C'est ce que vient d'exprimer avec une admirable justesse F. Eugène Haag dans son docte ouvrage: Histoire des dogmes chretiens. Paris 1862. V. 1. P. 88 — 114: « Si l'on considère d'une part que Jesus n'es pas venu comme il a declaré lui même pour « abolir la loi mosaïque mais pour l'accomplir, et de l'autre que ces sont de Juifs qui « ont formé le premier nayau de l'Eglise chretienne, on comprendra qu'il est necessaire « d'etudier d'abord les idées qui avaient cours en Judée au temps de la venue du Messie « pour avoir une intelligence exacte des doctrines du Christianisme. »

Serait elle l'orthodoxi chretienne plus disposèe á nier cette filiation? On pourrait à premiere vue le croire. Elle tient dans les mains une solution radicale que la critique rationaliste ne peut qu'en vain desirer. Tandıs que celle ci ne considerant dans l'histoire des Religions qu'un developpement successif d'effets de leur cause naturelle, n'admet des forces exceptionelles qui ralentissent ou qui accelèrent la marche des idèes, c'est a dire des *Revelations* exterieures, et par consequént ne peut chercher l'origine du Christianisme que dans ses causes et ses antécédens les plus prochaines c'est a dire la Palestine et le Judaisme; l'orthodoxie chretienne au contraire peut avoir recours à une Revelation, qui ait d'un bond transporté les esprifs dans un ordre d'idèes tout a fait divers de celui qui entourait la première naissance du Christianisme, et se sóustraire par là à la necessité dont nous parlons de ne chercher ailleurs que dans le Judaïsme l'origine du Christianisme de Jesus, et des àpotres.

Mais a voir bien ce point de vue hypothetique de l'ortodoxie chretienne est bien loin de repondre soit aux veritables intérèts de l'ortodoxie chretienne, soit à ses allures, et à la position habituelle qu'elle a toujours pris vis à vis de l'hebraïsme, c'est à dire qu'il n'a pas de valeur ni en droit ni en fait.

Non; le Christianisme ne peut jamais pretendre à une parfaite nouveauté; il ne pourra jamais faire croire que en faisant *tabula rasa* de tout ce qui existait avant lui, il ne doit rien à tout ce que lui a précedé. Et pour quoi? C'est d'abord parceque il se donne pour une Révélation, c'est ensuite parceque il doit au moins se menager une existence contre la quelle ne surgisse la parole de ce Dieu meme qu'elle pretend adorer, c'est a dire qu'il est aussi une Revelation *scripturale*. L'idèe d'une Revelation en general s'oppose à des changements successifs dans les formes de cette Révelation elle mème, car l'immutabilité de Dieu étant donnée tout ce qui peut paraître comme un total renversement des premières croyances sans un point d'attache quelconque aux anciennes idées, ne peut ètre annoncé au nom du même Dieu, et c'est la cause justement que toutes les Revolutious religieuses ne se sont jamais opereèes qu'au nom d'un nouveau Dieu, ou bien au nom d'une pretendue restauration des verités dès long temps oubliées, ou d'abus a corriger; jamais que nous sachions comme un changement de volonté du même Dieu auparavant adoré. Mais le Christianisme se garderait bien de se presenter sous cet aspect, meme pour une autre raison; c'est que son originalité serait le signal de sa condamnation. Si le Christianisme pretendait par hasard, que la doctrine du Verbe de la Trinité de l'Incarnation, que son Culte, que sa Morale ne trouva dans le Judaïsme que le sterile Monotheisme populaire des Juifs, que des idees sans ancun rapport avec les idées theologiques du Christianisme, si pour trouver la Trinité, le Christianisme etait condamné a voyager Iusqu'à l'Inde ou l'Egypte, s'il lui eût fallu chercher le Verbe dans Platon, et l'Incarnation chez les Brahmes, si la morale du Christianisme comme parait resulter du discours de la Montagne, ne faisait qu'enseigner des principes opposés a'ceux qu'on allait prêcher aux Juifs, nous disons hardiment qu'il souscrirait par là sa propre condamnation, car une loi precise cathegorique conseignée dans le Deutesonome viendrait enjoindre la desobeissance au nouveau Dieu, *aux Dieux etrangers* qu'on proposerait d'adorer, à punir de la peine capitale, l'homme qui oserait s'en faire le propagateur et l'àpotre. Aussi nous ne voyons jamais le Christianisme lever hardiment l'étendard de la revolte, et declarer la guerre au Judaïsme; au contraire la base de sa polemique contre la Religion ancienne ne fut que la base même du Judaisme, ses premisses furent les premisses de l'ancienne alliance, ses titres furent les mèmes titres les *Écritures*, et (comme on verra mieux dans la suite) la *Tradition*. Si dans un but facile à expliquer, si pour agrandir la personnalité de Jesus, des critiques orthodoxes ont soutenu dans ces derniers temps que Jesus ne doit rien à ses contemporains, qu'il fut precepteur à soi même, que le developpement de ses idées se fit avec une spontaneité toute exeptionelle, (2) on n'a osé jamais aller jusqu'a dire que la même independance qu'on voyait dans la personne se verifiait aussi dans la doctrine, on n'a jamais enseigné que le Christianisme fut une plante exotique dans le Judaisme; et on ne pourrait jamais le soutenir car la connexité et la continuité entre le Judaisme et le Christianisme

(1) Deuteronome XIII. V. 2.
(2) Reinhard. *Plan de Josus.* Voyes Strauss Vie de Jesus Paris 1856 V. 1 P. 845.

doit rester toujours demontrée même independamment du plus ou moins de profit que Jesus aurait pu tirer des doctrines contemperaines ; ce que nous verrons dans les chapitres suivans.

Nous n'affirmons pour le moment que celà, biens surs de n'être pas dementis ni par le Rationalisme, ni par le Christianisme orthodoxe à savoir que quelque origine qu'on suppose aux connaissances de Jesus, il devait connàitre les doctrines judaïques, et par la mission même qu'il se donnait, il devait rattacher ses doctrines á ce qu'il proclamait lui même legitime dans l'Hebraisme, l'Ecriture et la Tradition.

C'est la, le point de depart de notre travail qui par l'adhesion que lui parvient de tout côté, va ouvrir une voie ou toute sorte d'opinion peut suivre notre raisonnement, et si les deductions seront aussi rigoureuses que nous osons l'esperer, accepter les conclusions finales comme le resultat infallible des premisses generalement consenties.

Mais si on nous a accordé de tout temps le principe general si on a toujours proclamé que le Christianisme n'etait, que la continuation et l'accomplissement du Judaïsme, il faut dire aussi qu'une veritable demostration scientifique nous a fait que nous sachions toujours defaut, tortout dans le sein du Christianisme orthodoxe. On ne nous a jamais expliqué comment le Dieu des Juifs restant toujours le même (et la proposition contraire serait un blaspheme) et la Religion juive restant toujours cet Hebraisme biblique populaire que nous connaissons, puisse le Christianisme nonobstant, avec des Dogmes, un culte, des pratiques si contrastants en apparence avec l'ancien Judaïsme, non seulement y avoir puisé son origine, mais en être aussi la vertable expression, le representant definitif. Si une tentative à eté faite tant soit peut serieuse. elle ne regarde que la partie pratique de l'ancienne loi.

Dès l'origine du Christianisme nous voyons pointer à l'horizon ce système qui a obtenu dans la siute de si grand dev eloppements, et qui consiste a lier l'ancienne et la nouvelle alliance par le moyen de l'interpretation typique des Saintes Ecritures, c'est à dire en ne voyant dans les preceptes de la loi que des types, des figures, des événements et des dogmes principaux de la nouvelle alliance. Le Christianisme qui n'en voulait plus de la loi cerimonielle, qui rompait par là avec tout l'ancien Hebraisme, et qui nonobstant ne voulait se déssaisir du pretendu heritage parceque, lá, dans l'Hebraisme etaient ses titres uniques à la croyance universelle, profita d'un systeme que comme nous le verrons toute á l'heure il trouva en honneur dans l'Hebraisme orthodoxe, l'*Interpretation allegorique*, en la poussant seulement jusq'a l'absurde, c'est á dire jusque à la destruction de la lettre, et en ouvrant par lá le chemin a tous les faiseurs d'allegories qu'ils parcoururent selon leur bon plaisir. Mais si le Christianisme pliait la pratique à ses tendances actuelles, il avait au moins ia franchise de declarer que cette loi en tant que pratique allait être abolie, que les moyens pour obtenir le salut etaient radicalement changés de ce qu'ils etaient au temps de Moyse et des Prophetes, que l'essence de l'Hebraisme restant toujours la même, c'etait une forme vieillié qui cedait la place à une forme nouvelle, c'etait le *Pedagogue* comme Paul l'appelle, qui se retirait apres nous avoir conduit jusqu'a savoir user convenablement de nos droits, de nos facultés.

Pouvait il le Christianisme adopter la même methode, tenir le même langage pour le côté thorique de la loi pour la croyance hebraique? Le fit il reellement? Nous n'oserons soutenir que quelque timides essais n'aient eté tentés même dans ce sens par les plus anciens ecrivains du Christianisme. On a tâché à la verité de trouver dans mainte passage de la loi des traces des dogmes chretiens sous le voile de la lettre, de la même maniére qu'on avait pratiqué sur les dispositions legales du Mosaïsme mais toujours avec une grande difference; c'est que tandis qu'on n'avait garde de dissimuler l'abolition de la loi ceremonielle, tandis qu'on sacrifiait entierement *la lettre qui tue, à l'esprit qui vivifie* quand il etait question des preceptes, jamais cependant ou n'a osé soutenir que le dogme hebraïque ancien etait aboli, qu'il allait ceder la place à un nouveau dogme, que la lettre qui le contient devait être supprimée à profit d'un nouvel esprit. Et la raison en est bien simple, c'est que si on eût passé le niveau même sur le dogme, c'en etait fait de la pretention du Christianisme a succeder legitimement à l'ancien hebraïsme, a en être le dernier accomplissement, et les Juifs auraient été mille fois justifiés de refuser leur assentiment à une Religion qu'en même temps qu'elle pretendait être la plus legitime expression de leur ancienne foi, n'eut laissé une seule partie qu'elle ne bouleversàt jusque dans ses . plus anciens fondements.

Par consequent tant que nous restons dans la sphère de l'Hebraïsme monotheistique et populaire, hormis le principe general hautement avouè que le Christianisme est issu en ligne directe du Judaïsme, toutes les fois que le Christianisme primitif a essayé de montrer le lien que unit cet Hebraïsme populaire à la nouvelle Religion, il n'a fait que completement échouer ; et nous croyons que la seule critique independente n'aurait eté plus heureuse toutes les fois qu'elle èut essayè, comme-c'àurait été indispensable de montrer la filiation du Christianisme de l'Hebraïsme populaire au dela du quel on ne supposerait l'exi stence d'aucune autre doctrine plus reservèe.

Et c'est à mon avis pour n'avoir soupçonné l'existence de ces sources cachées d'ou jaillirent en Judée ces dogmes extraordinaires qui si detachent si vivement sur le fond hebraïque, que, dès les premiers siècles du Christianisme, les critiques les plus independants se fourvoyèrent dans la recherche de leur origine, les apparences trompeuses du Monotheisme juifs, etant faits vraiment pour les depister. De là l'ancieu reproche de Celse contre Jesus, d'avoir copiè les maximes platoniciennes. (1) De De là le jugement d'Amelius qui voyait dans le Verbe de Jean le Logos de Platon (2) et de là enfin l'opinion des Sociniens qui s'obstinant, comme Le Clerc et Mosheim, a depouiller le Christianisme de tout ce qui lui est propre, lè Verbe et la Trinitè par exemple, il n'y voient que des dogmes de la philosophie platonicienne transportès dans le Christianisme par l'entremise des Pères platonisants. Comme cette hypothèse constitue comme on le voit une solution du problème que nous nous sommes proposés, nous serions tentés de l'examiner à fond si d'un còte des travaux serieux n'en eussent dejà demontré l'inanité et si de l'autre ce système, c'est a dire l'origine du Christianisme du Platonisme pur n'etait aujourd'hui delaissé, à profit d'hypo-

(1) Origène cont. Cels. I 6.
(2) Basnage. Histoire des Suifs VII, 40.

thèses plus cheries qui meritent par là davantage toutre notre attention.

Nous nous dispenserons en consequence d'une refutation en règle. Mais est ce qu'après les graves objections qu'on on à soulevé, il ne resterait rien à ajouter contre ce système? Nous ne repeterons les profondes defferences qu'on a relevé entre les deux theologies celle de Platon et celle du Christianisme. (1) Mais ce qu'on ne saurait assez repeter c'est qu'en vain on nous parle des Pères de l'Eglise introduisant les theories platoniciennes dans le Christianisme, car ces dogmes, qu'on ne l'oublie pas, existent presque en entier dans les Evangiles; et Mosheim lui même est forcé de convenir que dejà dans les Evangiles on distingue le Pere, le Fils, et le S. Esprit. (2) Or qu'est ce que les Evangiles? Ce sont non seulement les premiers monuments du Christianisme, mais ils sont aussi ceux entre tous, sur les quels aucune influence etrangère, hormis l'influence judaïque n'a pu d'aucune manière s'exercer, ou lès personnages qui les composèrent ou qu'y figurent, ne donnent prise aucunement à des soupçons d'emprunts faits à des systemes philosophiques et payens. On a soulevé à la verité quelque doute sur Paul et Jean; mais la conjecture est si hasardée, les mémes croyances sonts explicitement enseignées dans les autres ecrits évangeliques, que independamment des raisons que nous aurons peut être occasion de mentionner dans la suite on peut dès a present les rejeter *a priori*, et reconnaître par consequent que le probléme surgit de nouveau dans toute sa force, et nous oblige à demander l'origine du Christianisme à la Palestine et au Judaïsme. Et non seulement les Evangiles se refusent à l'hypothèse d'une origine platonicienne ou autre, mais aussi les ecrivains qui succedérent immediatement aux Apôtres, et qu'on nomme *les Pères Apostoliques*. De manière que, quand même on ne croirait trouver dans les Evangiles les dogmes qui constituent le Christianisme definitif, on ne pourrait pas même soupçonner les Peres apostoliques de les avoir importès de l'etranger, car Clement, Barnabas, Ignace, Polycarpe se tinreut autant

(1) Bergier, Dictionnaire de *Théologie* art. Platoniciens.
(2) Bergier. Idem p. 758.

eloignés de toute doctrine payenne, qu'ils suivirent exactement les enseignemens des Apôtres, dont ils etaient pour
la plus part les disciples immediats. Or qu'on les sache bien.
Quoique dans un petit nombre d'ecrits, ils contiennent deja non
senlement les dogmes constitutifs du Christianisme, mais encore
les principales formes sous les quelles l'activité scientifique se
developpera dans la suite. (1)

Mais qu'on suppose si l'on veut que le Christianisme n'est
formé, pas même dans ses élémens primitifs; est ce que le
siecle suivant aurait forgè ses dogmes sur des types platoniciens? A la verité le 2me siecle n'est pas étranger à la culture
philosophique; mais c'est à peine alors que les Docteurs Chretiens
font profession de connaître Platon, et d'aimer sa philosophie.
En auraient ils copiè les theories principales? En auraient ils
appris ce que les Evangiles el les Pères leur enseignaient dejà
d'une manière si complete le Verbe, la Trinitè, l'Incarnation, etc?
Brucker quoi qu'il attribue a S. Justin un sensible attachement
au Platonisme, nie nonopstant que les Pères du 2me siecle en
aient adoptè les principes. Mais ce qu'importe surtout d'obser
ver c'est la repugnance intrinsèque qui s'oppose à une trasfor-
mation du Christianisme au 2me siècle. Selon cette hypothèse il
n'y aurait eu avant cette date qu'une secte pur ement juive, et d'un
judaïsme populaire. Mais c'est ce que il y a de plus opposé au
Christianisme du 2me siecle. Et y pense t'on? Peut on seulement
concevoir que du 1er au 2me siecle, dans cette petite distance,
qui separe les temps apostoliques du 2me siecle, une revolution
si radicale s'est accomplie dans le Christianisme et sans cause
àdeguate? Bien plus, chez les Peres du 2me siecle qu'on devrait
croire les auteurs de cette revolution, de cette separation du
Judaïsme, se revèlo un symptome qui en demontre l'extrème
invraisemblance; je veux dire un attachement excessif à des idées
judaeo-esseniennes, car c'est bien chez eux que le mariage est
decrié comme un état inferieur et que Tatien le condamne, c'est
dans S. Justin que le Millenarisme trouve le plus zelé croyant,
et c'est *Tatien*, lui même qui professe ouvertement le Gnosticisme
à la fin de ses jours, s'il n'est plus vrai de dire comme quelq'un

(1) Mohler. Patrolog. I. P. 57.

l'a pensé qu'il ne l'a jamais desavouè; et le Gnosticisme, (M. Franck
l'a dejà vaillemment soutenu (1) et la suite ne fera que de mieux en
mieux le prouver) n'est que un pur travestissement de la tradition
acroamatique des Juifs, de la *Kabbale*, Les premiers doutes
serieux qu'on pourrait elever a propos d'un passage des doctrines
platonicennes dans le Christianisme, ne peuvent remonter plus
haut des Pères, qui du Paganisme, et ce qui plus est, de
l'Academie de Platon passèrent dans l'Eglise, et en devinrent
des maitres venéres (2) C'est d'eux seulement que peuvent dater
les rapports entre Platon et le Christianisme, qui datent vraiment,
dans une mesure que nous sommes prêts a reconnaitre. Mais
qu'on se tromperait, si on voyait dans ses rapports l'origine des
dogmes caraleristiques du Christianisme! D'abord ces Pères ne
furent qu'en petit nombre, eu egard à la grande quantité des
Docteurs que l'Eglise enfanta dans cette periode. Les plus anciens
et les plus celebres d'entre eux, ceux qu'on pourrait soupçonner
d'avoir changè la face du Christianisme par leur origine, par
leur éducation scientifique, par leur instruction philosophique a
Alexandrie, ceux qu'on a vraiment accusè de cette révolution
dogmatique, ce sont *Clement* et *Origène*. Nous n'entreprend-
rons pas de repeter tout ce qu'on a écrit contre cette pretendue
introduction du Platonisme par Clement et Origène et les argumens assez plausibles qu'on a mis en avant pour en demontrer
l'invraisemblance; ceux surtout qui se fondent sur un examen
de dates selon les quelles il semble presque impossible qué
d'Ammonuis Saccas, Plotin, ou Porphyre les idées chretiennes
soient passees chez, Clement ed Origène. Mais quelque volontè,
quelque moyen qu'on leur suppose d'opérer cette revolution, il
est extremement difficile de croire que deux seuls Docteurs aient
pu subjuguer sans resistance, sans contestation la volonté et le
jugement de léurs égaux dispérsés sur la face de l'univers, qui
quoique divisés plus que le Catholicisme ne voudrait le faire
croire sur des points non indifferens de la doctrine chrétienne,
étaient nonobstant unanimes dans la confession des plus
hautes, et plus generales théories du Christianisme, le Verbe la

(1) Franck, La Kabbale, P. 3. La Kabbale et le Christianisme.
(2) Basnage. Histoire des Juifs VII, 8).

Trinitè, l'Incarnation et en même temps etrangers à toute culture philosophique qiu pût etablir entre eux et les Docteurs alexandrins une uniformite d'idées et des dispositions, et les subjuguer jusq'au point de substituer à la doctrine monothéistique ou à peu prés, des doctrines si diametralment opposées. Surtout nous ne nous lasserons pas de le repeter (car toute la discussion précedente n'est pour nous qu'une concession à l'hypothèse d'un Christianisme évangelique sans des dogmes chretiens). Du temps de ces Docteurs et bien au dela, le Christianisme était tout fait, ces croyances dont l'origine est l'objet de ces recherches etaient deja costituées dans ce qu'elles ont d'essentiel, et par conséquent quelque idèe qu'on se forme des Docteurs subséquens, le problême se dresse dans toute sa force par la seule existence des Evangiles. Nous ajouterons seulement qu'un phenomène significatif vient de bonne heure nous avertir dans le langage des Pères, qu'il serait absurde de chercher dans Platon les origines du Christianisme. Platon est pour eux non la source sacrèe d'ou derivent les élémens du Christianisme, mais une source d'heresies, un mâitre d'erreurs. C'est ainsi que les Pères aecusent *Ariús* d'avoir suivi Platon dans la theorie du Verbe. C'est ainsi que *S. Irenèe* accuse les Gnostiques de Platonisme, et que Tertullien accuse en general de Platonisme toutes les héresies (1). Et d'autant plus nous paraissent ces temoignages importants que dans le même temps qu'on convient par là implicitement qu'une ressemblance génerale avec Platon par l'admission même chez lui d'un equivalent quelconque du Verbe, on relève entre celui de Platon et le Verbe du Christianisme une différence qui constituè l'heresie d'Arius, ce qui ne serait point arrivè dans l'hypothèse d'une origine platonicienne du Verbe, car l'époque de son introduction n'etait (dans cette hypothèse) si loin, pour qu'on pût condamner comme heresie une plus grande ressemblance avec Platon. Il serait injuste nonobstant de nier d'un autre côté que dans une certaine mesure et particulierement chez quelques anciens Péres la philosophie de Platon, n'ait exercé une influence quelconque. Mais nour croyons qu'une critique impartiale devra reconnaître que cette influence loin de consister dans une intro-

(1) Borgier. O. C. T. 8 P. 738-54.

duction même graduée de nouveaux dogmes, elle ne se montre que sous des apparences assez plus modestes.

Car en quoi se distinguent les Peres platoniciens de leur devanciers non philosophes, et tout à fait fidèles à l'esprit des Evangiles? Il n'y a que deux caracteres qui en revélent la difference. C'est d'abord un langage, et des formes philosophiques qui apparaissent dans l'Eglise, empruntées evidemment à la philosophie de Platon. C'est enfin la mention honorable que plusieurs Pères, surtout Origène font du chef de l'Academie, des louanges qui touchent quelque fois jusqu' l'enthusiasme, jusqu'a faire dire par exemple à S. Augustin, que si les anciens platoniciens revenaient au monde ils se feraient chretiens en changeant peu de choses dans leurs expressions et leurs sentiments. *Paucis mutatis verbis atque sententiis* (2). Mais j ose dire que ni dans l'un, ni dans l'autre de ces phenoménes il n'y a rien qui ne cadre parfaitement avec les developpements naturels d'une theologie deja constituée. Les Pères, se servirent des formes platoniciennes, et c'etait bien naturel de leur part, car des ressemblances generiques que personne ne niera, entre Platon et le Christianisme, attiraient puissamment les Peres les plus savans vers cette philosophie ou ils voyaient tant de conformité avec leur dogme là ils tro vèrent non seulement des idées, des raisonnemens, des argumens favorables à leur foi, mais, ce qui est plus, une methode, un arrangement philosophique, une phraseologie savante; tout enfin un appareil scientifique majestueux, que tant de genies avaient contribué a construire dans le cours des siecles et dont le Christianisme si peu scientifique à son debut sentait imperieusement le besoin pour donner une forme rationnelle et definitive a ses dogmes, pour revêtir de formules substantielles et philosophiques des pensées qui ne pouvaient rester que flottantes dans le vague; et enfin pour se faire comprendre des lettrés du Paganisme, et de toute cette foule habituée jusqu'alors aux theories philosophiques, mais a qui le Christianisme paraissait une *folie.* Sur cette philosophie se jeta le Christianisme et les savantes formules de Platon furent consacrées par lui à revêtir pompeusement les doctrines modestes ravies

(2) Aug. Lib de Ver. Rel g. Cap. 4 N. 6.

aux Ecoles de la Palestine. Personne qui conaisse tant soit
peu les vicissitudes d'une Religion, ne doutera pas de la vrai-
semblance de cette explication. Mais dans l'histoire du christianisme il y a un temps, des circostances tellement analogues a
celles que nous decrivons, qui semblent nn portrait et une confirmation saisissante des rapports que nous avons etabli. Ce
que le Platonisme etait dans le monde au premier siecle du
Christianisme la philosophie aristotelique l'etait au moyen âge.
Or que fit-il le Christianisme au moyen âge?

Precisement ce que nous croyons qu'il fit au debut de sa
carrière. Comme selon nous il profita du Platonisme pour se
faire une philosophie, comme il adopta la metaphysique de Platon
comme expression de sa dogmatique, de même aussi il consacra
le Peripateticisme à l'usage de la theologie, de même la pensèe
chretienne et la forme aristotelique, s'unirent si intimement si
penetrèrent et presque s'identifierent si complètement, que des
theologiens peu avisés furent conduits à soutenir par l'influence
du Peripateticisme des thèses condamnées par l'Eglise et contraires à la verité, à l'esprit du Christianisme; et que, en general, Aristote excita autant d'enthousiasme, et obtint autant des
louanges à cette epoque que Platon en avait obtenu aux premiers
siecles du Christianisme, Et puisque nous sommes sur le chapitre des louanges, voyons si celles prodiguées à Platon peuvent
faire raisonnablement soupçonner aux dogmes chretiens une
origine platonicienne. Chacun voit combien l'argument est faible
en lui même, mais j'ose dire aussi que s'il a vraiment quelque
force, c'est pour prouver. le contraire Et vraiment quelle aurait
du être naturellement la conduite et le langage des Docteurs
de l'Eglise dans l'hypothèse que nous combattons, c'est a dire
quand le Platonisme èut été substitué à l'ancien Christianisme
comme theologie revelée?

La plus vulgaire prudence aurait imperieusement exigé d'en
taire le nom et d'en decrier le caractére. Une Religion qui se
proclame revelèe, et qui nonobstant a puisé à des sources toutes
humaines, ne vient pas elle même sous peine de se suicider,
montrer au doigts les sources qui l'ont pourvue et nous mettre
sur le traces de l'origine illegitime qu'elle a tant d'intéret à
cacher. Et cette reflexion nous semble si évidente, que le con-

traire serait pour nous un signe presque infaillible de sa veritable provenance. C'est pour quoi nous serions tentés de juger comme un grave indice de l'origine hebreo - pharisaïque du Christianisme le blâme et le mepris deversés sur les traditions dés le fondateur du Christianisme, quoique des passages des Evangile empreints d'un bien autre esprit viennent quelque fois attester le grand rôle que les traditions pharisaïques jouent dans l'origine du Christianisme, comme nous le verrons à sa place. (1) Nous ne voulons achever ce que nous avions à dire sur l'origine platonicienne sans faire une remarque qui vaudra je l'espère, même contre toute hypotése d'une origine philosophique ; c'est qu'il est souverainement difficile qu'une religion, et une religion si tranchée, si exclusive que le Christianisme ne doive son origine que a une philosophie. Je l'avoue, bien humblement, je ne puis comprende dè quelle manière, le passage puisse s'operer, de la sereine, de la rationelle, j'allais dire presque de la sceptique speculation philosophique a cetta chaleur de conviction, à cet enthousiasme qui est propre aux religions, surtout à leur naissance. Et il semble qui la Providence nous ait menagè lors même de l'apparition du Christianisme un exemple frappant de l'impuissance de toute philosophie à enfanter une religion, même lorsque toutes les circonstances semblent s'unir pour en faciliter la naissance et le developpement. S'il y eut philosophie capable de mettre au monde une religion cefut celle qu'on qualifie de Neoplatonisme. Tout semblait conjurer pour donner une heureuse iessue aux grands et nobles efforts de ceux qui en voulaient faire une Religion. Son aptitude a recueillir dans sen sein tous les élémens encore vivaces du Paganisme, ses rapports avec toute ce qui honora dans le passè le nom payen dans la philosophie et dans les mystères, l'avantage de conserver tout le Polyteisme à sa place en operant toutefois une revolution complète dans son intime signification, le besoin d'une transformation qui se

(1) M. Esquirol en écrivant les lignes suivantes dans la Revue des Deux Mondes T. V. P. 745, «quand on lit avec attention les Evangiles on voit d'ailleurs L C. tout en reprochant aux Pharisiens leur orgueil etc, ne leur refuse point de grandes lumières Ils formaient sans contredit l'aristocratie intellectuelle de la nation (L'Hollande et la vie néerlandaise)» se tenait bien au deçà de la verité. Non seulement Jesus leur accorde des lumières, mais aussi de l'autorité.

ÉLIE BENAMOZEGH

Théologie et Philosophie

DE L'ÂME DANS LA BIBLE

LIVOURNE
S. BELFORTE ET C.ie
1897

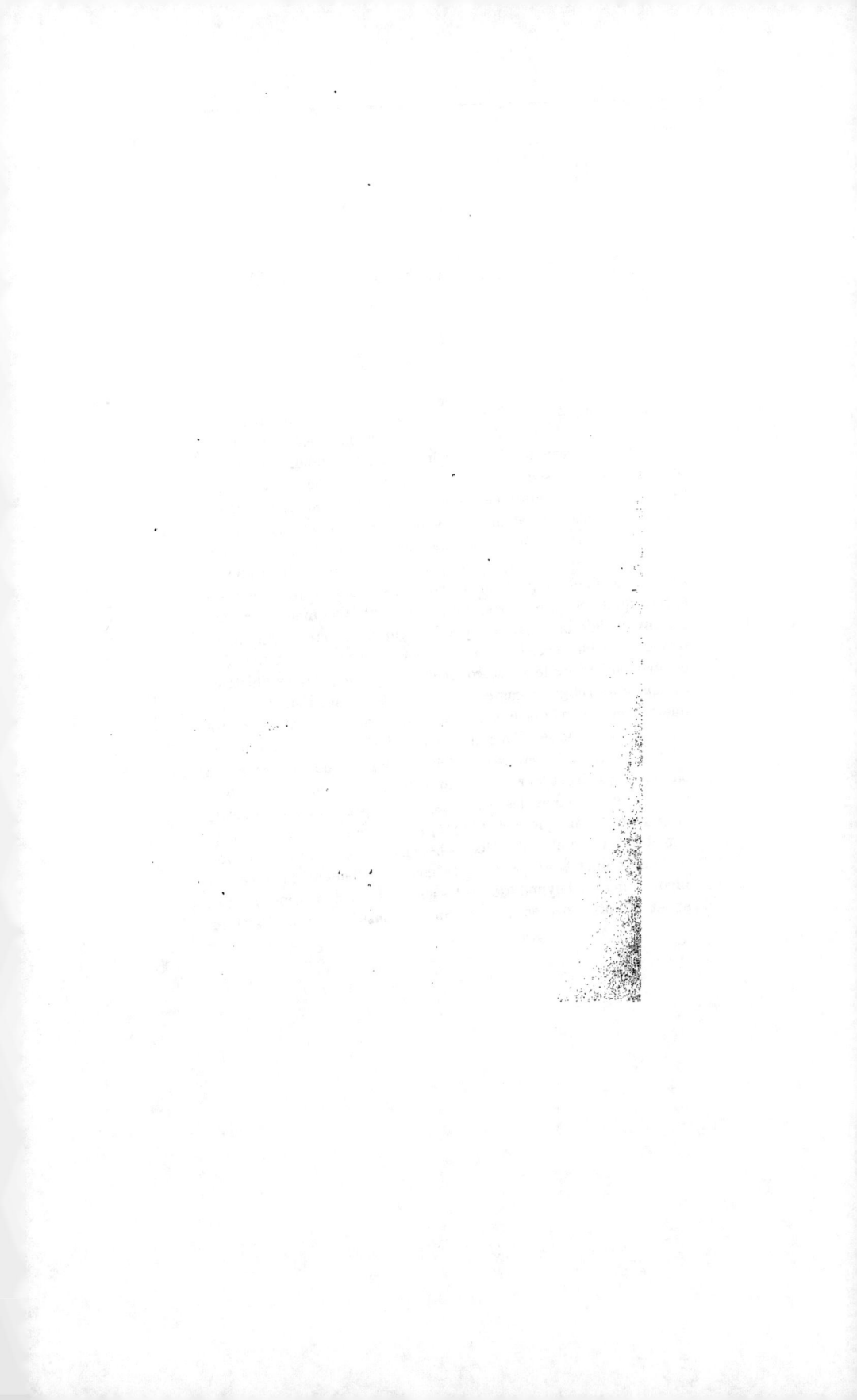

De l'âme dans la Bible

On a tant dit et redit sur tous les tons, que l'ancien Testament et surtout le Pentateuque ne contiennent rien qui laisse entrevoire la croyance à la spiritualité de l'âme, qu'on se sent presque poussé à voir de plus près si les faits viennent réellement confirmer cette opinion dominante; justement parce qu'on n'avertit dans son sein aucune dissonance, ce qui peut arriver soit à cause d'évidence et de démonstration accomplie, soit à cause de quelque préjugé qui en revèt les apparences. Et d'autant plus on ne voudra exclure ce jugement en appel, qu'il ne s'agit pas, tant s'en faut, d'admettre comme certain un fait historique et psychologique commun ou tout au moins probable, car, bien au contraire, l'absence de toute idée d'outre tombe dans le Mosaïsme serait un fait *unique* dans l'histoire de *toutes* les religions passées, et présentes ; et, si l'induction vaut quelque chose, même futures. En effet il n'y en a pas une qui n'ait eu une idée de l'âme ou qui ait pu s'en passer ; et aujourd'hui on incline à croire en Anthropologie que les religions elles-mêmes tirent leur origine du culte des ombres des trépassés, et de la divinisation des ancêtres, une espèce d'Evéhémérisme ressuscité, tandis que, selon le préjugé qui domine il y a si longtemps sur le compte du Mosaïsme, celui ci, seul au monde, non seulement aurait été privé de ce constant élément de toute religion, mais, si l'hypothèse ci-dessus était vraie, à peine né, il se serait retourné par sa prohibition de *consulter les morts* (Deut

ch XVIII v 11) non seulement contre l'abus de la croyance à l'âme
auquel il aurait dû la vie, mais contre cette croyance elle même,
si tant est que cette prohibition soit fondée sur la négation de
cette croyance, en dépit de la bonne exégèse qui en exige,
paraît-il, au contraire, la croyance, car autrement au lieu de
frapper l'abus il aurait valu mieux s'en prendre à la cause elle-
même de cet abus et nier l'âme.

A moins qu'en désespoir de cause on ne commette un second énorme arbitre en créant une origine spéciale tout exprès
pour le Mosaïsme. En présence d'exigences tellement dures
pour tenir débout l'hypothèse négative, ni les preuves ni les
recherches ne seront jamais de trop, en se demandant p. ex. si
dans ce jugement n'entrent par hasard, comme cause, le caractère civil, politique, extérieur du Pentateuque, et d'une grande
partie de la Bible; le génie positif, pratique du Judaïsme (serait-il
ce genie que les Docteurs ont voulu signaler en remarquant et en rai-
sonnant si à long sur la précédence du *nous pratiquerons* au
nous écouterons ou comprendrons de l'acceptation de la loi?) le
contraste avec d'autres religions qui ont mis ce dogme à la place
d'honneur, armé d'un pouvoir absorbant, source d'abus et de
superstitions infinies; la confiance de l'Hébraïsme en lui même
de pouvoir donner les preuves de sa vérité dès cette vie sans
les renvoyer à la vie future; et surtout serait-ce l'oubli d'un des
deux éléments de toute religion et de l'Hébraïsme en particulier
comme plus ancien, l'élément, disons-nous, de la *tradition*, (1) qui
non seulement peut suppléer au silence de l'écriture, s'il existe,
mais donner un sens qu'autrement n'auraient aux phrases de
l'Écriture? Et qu'on voie jusqu'à quel point l'hypothèse matérialiste de la Bible parut une vérité axiomatique, jusqu'à être de
plus d'un côté employée comme prémisse ou point de départ
tantôt pour prouver, chose singulière, la vérité de la révélation
mosaïque, comme l'a fait Warburton (*Divine legation of Moses*),
tantôt l'infériorité de l'ancienne Alliance vis-à-vis de la nouvelle,

(1) Nous pourrions ajouter de la tradition secrète ou acroamatique, d'abord par
l'exemple du Paganisme qui en faisait sujet de ses *mystères*; par la nature de tout
enseignement dogmatique qui est fait pour l'élite; par l'exemple tout récent de la mé-
tempsycose qui, quoique admise, on défend de la proclamer publiquement, Même dans
le Talmud et dans l'ordre rituel il y a des cas où la doctrine doit être reservée לך

דורשין לח בפרקא

et de là la nécessité de celle-ci; tantôt à la lumière aveuglante de cette hypothèse on a fermé les yeux sur la contradiction où l'on tombait fatalement en niant d'un côté dans le Pentateuque toute trace d'âme spirituelle et immortelle, et, de l'autre, en retardant la composition de ce livre à une époque où on reconnaît volontiers les premiers lueurs au moins de cette croyance. Quoi qu'il en soit, un nouvel examen de la question ne peut déplaire à personne; d'autant plus que les progrès faits dans les siècles derniers dans les recherches historiques et philologiques ont apporté dans le débat des facteurs pas assez considérés; et que jusqu'ici la négation a été presque seule à parler. Si l'autre *cloche* aussi se fera entendre, elle sonnera, je m'imagine, toujours à fête pour tout ami sincère de la vérité.

Il s'agit donc de savoir si Moïse a cru et a fait croire à l'immortalité de l'âme. La démonstration peut être faite de deux manières, l'une *à priori*, l'autre *à posteriori*.

On peut démontrer la même chose: 1° par des considérations générales qui nous empêchent de croire soit à l'indifférence, soit à l'incrédulité de Moïse; ou bien: 2° par des preuves positives tirées du sein des Écritures. Commençons par les premières: Le dogme dont il s'agit est tel qu'aucune religion ne peut s'en passer. L'expérience le prouve et la raison le confirme. Il n'y eut de peuple au monde qui ne l'ait pas enseigné, et si ce grand fait forme une forte présomption en faveur de la vérité intrinsèque du dogme, comme une espèce de consentement général, il est en outre une raison très serieuse pour croire que Moïse n'a fait point exception à toutes les religions anciennes et modernes. — La raison de son côté nous persuade qu'une religion sans cette croyance n'en est pas une, et qu'elle n'est même possible. Une vie seule suffit pour être frappé de la capricieuse distribution ici bas des biens et des maux. Aujourd'hui on lit, il est vrai, dans des livres très estimés que la conscience humaine a pu s'assoupir pour des longs siècles dans une léthargie qui n'exigeait pour le problème de la providence une solution décisive. Ce qui est certain c'est que la conscience d'Abraham était autant exigeante, sensible et eveillée, et son idée de la justice aussi précise que la nôtre (Génèse ch. XVIII v. 23). Quand au contraire les faits sont autant de dérogations à la

justice et toutes les solutions, hormis celle du prolongement
de la vie outre-tombe, reçoivent un démenti de l'expérience très
bref et très décisif, le dilemme alors s'impose inexorable.
Et l'état léthargique, si improbable aux origines de l'humanité,
devient alors impossible, surtout si de tous les côtés un peuple,
comme c'était Israël, se trouve entouré d'autres peuples qui
tous croient à une vie avenir. Faute d'avoir reconnu une vérité
si simple, il faut voir à quel supplice M. Renan condamne soi-
même, les lecteurs, et les acteurs eux-mêmes, c'est-à-dire les
Israélites, tourmentés des siècles durant, comme il nous les
dépeint, *par le doute* cuisant sur la Providence, sans jamais
pas même soupçonner la solution qui forçait de tous côtés
l'accès dans leur esprit, sans non plus une imperceptible mino-
rité qui s'en aperçût. (1)

Et ce qu'il confesse lui-même n'avoir été assez de longs siècles pour l'enfanter, c'est-à-dire la croyance à l'outre tombe, il
aurait suffi, à l'entendre, d'un instant pour le produire, *la per-
sécution d'Antioc*, malgré que des calamités, non certes inférieures à celle-ci, avaient frappé la nation et l'individu, dans des
temps bien plus anciens, malgré et quelque fois *à cause* de leur
fidélité à dieu. Et qu'on ajoute que le choc de ces anciennes
calamités fut si fort, qu'il suffît quelque fois à leur faire croire
que ces maux dérivaient de l'infériorité, de l'impuissance et de

(1) Toute conjecture si étrange et contradictoire qu'elle soit, est bonne pour
M. Renan, hormis l'ancienne. P. ex. il nous dira tantôt (*Revue des deux mondes* t. 116
p. 248): « L' histoire d' Israël est un effort de dix siècles pour arriver à l' idée des
compensations ultérieures; » tantôt (pag. 254): « Voilà l'idée qui a converti le monde.
La foi à l'avenir a été fondée dans l'humanité par le peuple qui a le moins cru à
l'immortalité de l'individu et qui a le plus resisté à leurrer la moralité par des faux
billets sur une vie qui n'a pas des réalité. » Il est vrai que cette idée est celle de la
résurrection, mais comment arrive-t-il, si cette idée est si homogène à la pensée
israélite, que M. Renan n'hésite point à écrire (p. 258): « la croyance à la *résurrection*
procède d'une façon si logique du développement des idées juves qu'il est tout à fait
superflu d'y chercher une origine étrangère, » et si cette croyance est en soi autant
plus vraisemblable que l'autre de l'âme immortelle (p. 255) comment, disions-nous,
cette croyance tarda si longtemps à surgir et toutes les autres hypothèses lui furent
tour à tour préférées? On ne comprend non plus de quelle manière soit seulement
concevable l'idée de *résurrection* sans quelque chose en nous qui ne meure pas. Si l'individu et sa conscience s'éteignent tout à fait à la mort, l'être qui surgira ne sera
jamais identique à celui qui fut. Pour que cela soit, il faut un fil, si mince qu' il soit,
qui relie l'homme ancien à l'homme nouveau. Dieu, il est vrai, peut faire le miracle
de reformer à nouveau l'ancienne conscience, mais le miracle n'aboutira qu'à une
illusion, qui même cesse dès aujourd'hui d'en être une, depuis que M. Renan nous en

la méchanceté de leur dieu jusqu'à leur faire changer l'objet de leur culte, tantôt abandonnant le dieu païen pour celui de Moïse, tantôt le second pour le premier. Qu'on voie plutôt le discours que tiennent les femmes juives idolâtres à Jérémie, sur la terre égyptienne. Il y a ensuite un fait qu'on n'a pas assez remarqué. C'est que dans des temps mêmes où régnait la croyance à la vie avenir, c'est-à-dire aux temps des Docteurs, les autres solutions nonobstant, continuaient à partager les hommages, quelle qu'en fût la cause. Comment donc arguer de la présence de ces solutions aux temps bibliques, l'absence de l'autre solution basée sur la vie future?

Mons. Dupont White résumait tout cela (*Rev. des deux Mondes 15 Fevr. 1866*) d'une manière très-heureuse. Comment (disait-il) les Juifs auraient inventé *trois religions* et ce commencement de toute religion leur serait étranger?

Personne ne nie l'idée *immatérielle* que les Juifs se faisaient, ou, pour parler plus exactement, que leur religion mosaïque se faisait de son dieu, distinct, séparé, trop même séparé du monde au gré de quelqu'un, tellement qu'on voit dans cette séparation un abîme entre le génie arien et le génie sémitique; et l'impuissance de ce dernier à donner une religion à l'humanité. Et peut-être on ne se tromperait pas en disant, et Spinoza et Salvador et d'autres sont de cet avis, c'est-à-dire que le dieu de Moïse ait été conçu comme *l'âme du monde*. La SCÉCHINA ou MALHUT (le

avertit; et ce sera en pure perte et point n'est besoin d'être de subtils méthaphysiciens comme certes ne l'étaient les juifs pour le comprendre. Ce qui est un vrai miracle de l'aveu même de M. Renan (ibid.) c'est l'état intellectuel qu'il prétend avoir duré des siècles. Et ce serait réellement un miracle si le *fait même* fût avéré, mais comment l'auteur pourrait-il y croire sans se convertir à la foi aux miracles? Voici d'autres conséquences qui découlent de son système, qu'il subit volontiers, mais auxquelles le lecteur se révolte: que *les Sadducéens niant l'âme et la vie avenir seront, sous ce rapport, véritablement dans la Tradition*, contre les voix de toute l'antiquité, compris Josèphe et la voix de la foule juive qui se rangea *ab antiquo* du côté des Pharisiens sans doute attachée, comme toutes les foules, au plus ancien. Et on se demande aussi en vain comment ces Sadducéens qui firent partie de la Société israélite purent échapper au travail psychologique et au dernier résultat plus ou moins spiritualiste auquel entraînèrent le gros de la nation les forces dont M. Renan nous décrit l'action d'une manière si romantique? Une autre conséquence à laquelle il est malaisé de se résigner c'est que l'Israélitisme durant toute son histoire jusqu'à sa tardive conversion, ait pu reposer, comme le dit l'auteur, *sur cette doctrine immorale*, que l'homme à qui il arrive un malheur est coupable (p. 259); autre miracle que *quinze siècles d'empire de cette doctrine immorale* n'aient point fini pour corrompre la conscience israélite, et aient laissé subsister le germe de la révolte.

Royaume ou Règne) n'est que cela. Donc les éléments et les conditions subjectives et objectives nécessaires pour concevoir de cette même façon l'âme humaine on les avait tous sous la main. Qui était parvenu, peuple ou legislateur, à se faire une idée d'un *dieu* pur esprit jusqu'à voir le péché le plus grave dans sa représentation figurée, ne devait prouver de difficulté, au contraire il devait se sentir entraîné, et *à fortiori capable* de concevoir des êtres spirituels; qui donnait une âme au monde, ne devait pas prouver de peine à l'attribuer non seulement à l'homme mais à toute chose créée. Les païens qui adoraient tant de dieux corporels admettaient des âmes humaines survivantes au corps; comment ne les auraient-ils pas admis les Juifs, ou leur religion, adorateurs d'un dieu esprit?

S'il y a au monde un fait irrévocablement constaté, c'est qu'un des dogmes, le dogme capital, la clef de voûte de toute la religion égyptienne était la croyance à la vie future. Ce n'était pas un mystère que les seuls initiés pussent connaître; c'était au contraire la croyance la plus populaire, l'âme de milliers de rites, de mille pratiques qui se présentaient à chaque moment de la vie privée et publique. Donc, point de doute possible. Les Juifs, après un si long séjour séculaire en Égypte, ne pouvaient *ignorer* une telle croyance. Ne fut-ce que la mummification, qui n'avait d'autre sens, et pratiquée sur les corps de Jacob et de Joseph et très probablement sur les corps de tous les Israélites morts en Égypte, suffirait à le prouver. Un écrivain Israélite *Finilés* dans son *Darcà Schel Tora* n'hésite pas à le reconnaître. Il rejette, et à très bon droit, l'opinion de ceux qui expliquent le silence de Moïse sur l'âme par la grossièreté et l'ignorance de son peuple, incapable de concevoir l'état de l'âme séparée d'un corps. Et quand même cela serait, est-ce que tous les Israélites se trouvaient dans un état mental réfractaire à tout enseignement de cette sorte? Est-ce que le contact séculaire de la croyance égyptienne, n'aurait fini, à la longue, par entamer la rude écorce de la commune ignorance?

Quoi qu'on en pense, l'existence de ce dogme leur venait attestée à tout instant par l'exemple égyptien. Or que fait Moïse? N'anticipons pas sur ce que nous aurons à dire et faisons bon marché de toutes les révélations que l'Écriture nous ménage,

admettons tout ce que l'adversaire nous demande, que Moïse
ait gardé sur ce dogme le plus profond silence. Qu'est-ce qu'on
doit en conclure? Qu'il ait nié ce dogme, qu'il l'ait condamné
comme une erreur, ou, tout au moins, qu'il ait laissé sur cela
pleine liberté de choix; en un mot, son incrédulité, ou son
indifférence? Ni l'une ni l'autre. Est-ce qu'on condamne un *dogme*
en se taisant? surtout si ce dogme est bien connu, s'il a en sa faveur
la force de l'exemple séculaire, et surtout enfin si cet exemple vient
d'un peuple dont la pratique et les superstitions ont été signalées à la
haine et à l'abomination du peuple? Si donc Moïse se *tait*, si tant est
qu'il se taise, c'est sans doute parcequ'il n'avait rien à dire à sa
charge; – parce qu'il lui préexistait comme religion patriarcale,
et, nous ajouterions volontiers, parce qu'il était un dogme et,
comme tel, appartenant plus au domaine de la tradition qu'à
celui de l'Écriture, et, peut-être, à la tradition réservée comme
il lui appartint assurement dans les mystères greco-romains. Ce
qu'il y a de certain c'est qu'un des caractères qu'on va de jour
en jour toujours plus constatant dans le Pentateuque, c'est celui
de s'adresser presque exclusivement à la collectivité, à l'État et
an citoyen, plutôt qu'à l'individu, d'être plus un *code* que la religion des Hébreux. Or s'il y a quelque chose d'éminemment
individuel et religieux c'est la croyance à l'immortalité de l'âme.
Voici ce qu'écrit M. Reuss (Hist. de la Théolog. chrét. au siècle
apostolique, p. 38): « Il importe de constater ici deux faits très
« remarquables, qui donnent un caractère tout particulier à leurs
« prédications (des Prophètes) et à leur théologie; *jamais ils ne*
« *s'adressent aux individus*, toujours à la nation entière et col-
« lectivement; les exceptions apparentes, si nous y regardons
« de près, ne feront que confirmer cette règle... Ce point de vue
« général, universaliste explique en partie, mais en partie seu-
« lement, le second fait que nous devons relever ici. C'est que
« les prédictions et les espérances des Prophètes se rattachent
« invariablement *à l'existence terrestre et politique de la nation.* »
« Et à p. 116: « L'individu se perd dans la nation; c'est comme
« israélite et non comme homme qu'il est en rapport avec dieu. »
Ce que M. Reuss a voulu dire par la restriction *en partie*,
il ne m'est pas trop facile de le saisir. Ce qui est impossible de
par la logique plus élémentaire, c'est que la restriction laisse

subsister en Israël la plus petite parcelle de doute ou de négation matérialiste. Doute ou négation seraient un motif si radical, si
absorbant, si absolu, qu'il n'y aurait place à aucun autre motif,
et à celui de M. Reuss en tête, pour jouer aucun rôle, ni en
tout ni en *partie*, car il aurait rendu nécessaire le silence et superflu
et absurde tout autre motif : le sujet lui-même, l'âme, étant disparu.
Tous ces motifs par nous énumérés, ont été pressentis par R. Hay
Gaon et par Ibn Esra. Ce dernier nous dira : « R. Hay Gaon dit que
« l'Ecriture n'a pas eu besoin de proclamer la vie avenir car elle
« était connue par la tradition. Quant à moi je pense que ce
« silence existe parce que la loi a été donnée à la communauté
« d'Israël non à l'individu. Et ce que c'est la vie avenir, il n'y a
« pas même un entre mille qui le comprend, étant chose pro-
« fonde. » Le motif d'Aben Esra a servi entre les mains de
M. Reuss à expliquer autre chose aussi outre le silence sur la
vie avenir, l'absence aussi *d'amour et de sentimentalité dans le
Judaïsme*, (Voy. Ibid) quoique le fait lui même de cette absence
soit un des travers de la critique moderne, qui fera la stupéfaction
des générations avenir. Nous ne dépenserons qu'un seul autre mot
sur *l'indifférence ou la simple tolérance* de Moïse, comme motif
de son prétendu silence. Il suffit qu'on réfléchisse, qu'une croyance si importante, si essentielle, un organe si capital qui inté-
resse si intimement toutes les actions de la vie, une fois connu, l'indifférence à son égard n'est plus possible ; il faut pour une religion ou
l'embrasser ou le rejeter, si le rejet était possible. Et voudra-t-on
expliquer le prétendu silence mosaïque par l'indifférence !

Les preuves *à posteriori*, en attestant la présence de ce
dogme dans l'Écriture, font encore davantage : elles nous four-
nissent une idée de ce que l'âme est selon l'Hébraïsme. Voyons
d'abord la Génèse. Dès les premières pages une scène maje-
stueuse s'offre à nos yeux. Dieu crée l'homme. Mais de quelle
manière en fait-il l'annonce ?
Tout semble disposé exprès pour faire relever la différence
entre lui et les créations qui l'ont précédé. Pour ceux-ci nous
voyons la *terre* seule chargée de les produire (Genèse I, 24) ; pour
l'homme nous lisons *faisons l'homme*, où c'est dieu qui s'apprête
à la partie plus sublime de son oeuvre. Avant d'étudier les pro-

cédés suivis dans la créations de l'homme, disons un mot de l'*intention* qui y a présidé, et du lieu qui fut le théâtre de l'évolution qui a fait de l'homme primitif, l'homme actuel. Et qu'on remarque bien qu'à la valeur de cette double recherche rien n'ajoute ni enlève soit l'hypothèse que l'écrivain ait cru et voulu nous faire croire de raconter une véritable histoire, soit celle qu'il ne nous propose qu'un mythe ou une allégorie. Au contraire, si cette dernière hypothèse était la vraie, comme c'est le plus probable et comme le pensent des graves autorités hébraïques et autres, quelques-uns conjointement au sens littéral, d'autres exclusivement, nous serions d'autant plus tenus de pénétrer dans la secrète pensée de l'auteur à travers l'écorce ou le voile dont il se couvre. Or, quant à la première de ces recherches, à l'intention de dieu, nous disons : point de doute que l'idéal primitif de dieu de par la Genèse est, on ne peut plus, favorable à l'immortalité de l'homme, âme et corps ensemble. Qu'est-ce que signifierait autrement *le jour où tu en mangeras tu devras mourir ?* et puisque d'autre part des forts et nombreux indices nous portent à voir dans Adam avant le péché, avant *les tuniques de peau* dont il fut revêtu (1) un corps éthéré et bien loin d'être soumis aux conditions de celui qu'on lui substitua, chacun voit à quelle partie de son être se rapporte l'immortalité qu'on lui communiqua, ou plutôt si corps et âme ne sont pour la Genèse indivisibles, sauf la nature différente des corps entr'eux, précisément comme ils sont indivisibles pour le monisme moderne (force et matière) pour la théosophie kabbalistique et pour toutes les théosophies anciennes et modernes sans distinction. Et si tout cela est vrai, deux conséquences en descendent en droite ligne, l'une c'est que la pensée hébraïque a, par ce seul fait, sauté le fossé, passé le Rubicon, a atteint l'idée de l'homme immortel, et l'on sait qu'une fois que l'esprit humain est monté d'un degré, il ne recule jamais au moins définitivement ; l'autre conséquence la voici : qu'on ne nous donnera jamais à croire qu'une religion, nous ne disons monothéistique mais pas même polythéistique, introduise sur la scène un dieu qu'elle veuille respecté, à faire quel-

---

(1) Les Psaumes disent autant pour quiconque vienne au monde et selon quelque interprète il s'agirait *particulièrement* du premier Adam. Job dit la même chose.

que chose dans un but donné, et que ce but combattu, contrarié finisse par faillir sans que ni avant ni après soit atteint, c'est-à-dire *le contraire de ce qu'à plusieures reprises proclame l'Écriture que les promesses et les desseins de dieu ne sont jamais frustrés*, et comme à propos d'Adam lui même nous fait comprendre la Genèse, d'abord dans le dernier et résolutif écrasement que fera sa semence de la tête du serpent cause du péché et de la mort; et puis dans cette *vie* synonime de bien suprême continuellement proposée comme telle par Moïse. Cette immortalité intentionnelle et primitive, est confirmée par l'expulsion du Paradis, *de peur qu'en mangeant de l'arbre de vie il vive éternellement* (Genèse ch. III v. 22) c'est à-dire évidemment qu'il ne reconquière ce qu'il a perdu et rende vaine la punition divine, phrase qui prouve à la fois et cet état primitif *et la possibilité* de le reconquérir par l'arbre de vie. Il n'y a pas même les kéroubins placés à la garde de l'arbre, qui ne déposent éloquemment en faveur de cet ordre d'idées. Qui ne se souvient *des deux kéroubins placés à la garde de l'Arche qu'ils ombragent de leurs ailes*? Et qui ne voit que ceci expliquera cela? N'est-ce pas *arbre de vie* que la *sagesse* ou la *Loi* est appellée dans les Proverbes? n'est pas elle qui donne *la vie*? N'est-il pas inaccessible le saint des saints? Le christianisme n'a-t-il voulu exprimer l'inauguration de la Palingénèse par le *déchirement* du voile?

Disons à présent quelque chose sur le lieu. S'est-elle trompée la tradition en appellant *gan éden* l'état béatifique d'outre tombe de l'être humain? S'il est vrai, comme tout le fait croire, que les premiers chapitres de la Genèse au lieu d'être une *histoire*, sont un plan, un *programme de l'histoire*, chacun comprend que la condition exceptionnelle de ce qu'on nous débite comme un point géographique de notre globe, n'est que le type idéal de la planète entière régénérée, quand elle atteint le maximum de sa perfection, soit avant la chute mythiquement ou historiquement, soit après la chute, à l'ère palingénésique; à peu près, ce que rêvaient les millenaires et le portrait que nous tracent les Rabbins de la terre après la resurrection avec *l'épée des Kéroubins enfer* en sus après le péché, *Demons* selon *Raschi*. Y a-t-il après tout cela rien de surprenant ou d'impossible dans les interprétations rabbiniques, qui détournent les phrases du Pentateuque et de

la Bible promettants la prolongation des jours et la Vie, de
l'état actuel à l'imitation des Égyptiens à celui palingénésique
qui n'est, nous venons de le voir, que la réalisation du dessein
primitif de dieu selon toute la rigueur littérale du texte mosaïque ? Une seule chose nous ne pouvons nous abstenir d'ajouter.
Que la théorie psychologique qui ressort de tout cela a un air
de ressemblance jusqu'à s'y tromper avec celle de beaucoup
d'anciens et de modernes et pas peu attrayante, de l'immortalité
facultative qui laisse à l'homme la charge de s'assurer par lui
même une nature immortelle qui ne serait en naissant que *po-
tentielle*. Ce serait l'homme *fils de ses oeuvres* pris au pied de la
lettre (1).

Passons à l'examen du récit qu'on nous fait de la création
de l'homme. L'homme, on le proclame par anticipation, sera
fait à l'image et similitude de dieu. Nous n'hésitons pas à le dire.
Cette phrase renferme *l'idée* et à la fois la *démonstration* de
l'immortalité, puisque si l'homme ressemble à dieu il n'y a point
de raison qu'il lui ressemble par d'autres côtés et non par celui
qui est le plus essentiel, *la Vie et sa durée*. Si un doute était
possible il serait levé par ces paroles de dieu : *voici que l'homme
est devenu tel que nous quant à la connaissance du bien et du
mal* (la seule interdite et réservée à dieu) — *à present, s'il étend
sa main et mange aussi de l'arbre de Vie, il* VIVRA ÉTERNELLE-
MENT, c'est-à-dire, il reconquerra le privilège dont je l'ai dépouillé
et qu'il possédait *suo jure* avant de pécher, et la preuve c'est
que l'arbre de la vie était laissé à sa disposition avec *tous* les
autres arbres hormis celui du bien et du mal. Platon et les Platoniciens c'est sur la *Similitude* avec dieu qu'ils fondaient l'immortalité humaine, car c'est un très légitime procédé que celui
de déduire la diversité de la cause de la diversité de ses mani-
festations ainsi que l'enseigna Porphyre : c'est, dit-il, la qualité
de l'essence qui détermine la qualité des actes, puisque c'est de
l'essence que les actes dérivent. Et qu'on le remarque : cette idée

(1) Ce n'est pas pour rien que certains modernes ou ont retardé l'insertion
de ces premiers chapitres de la Genèse à des temps plus modernes, ou les ont fait
parvenir de la Babylonie: cette dernière prétention, toute fondée que nous la supposions
sur une réelle identité, ne prouverait pour cela le passage qu'on suppose. Innom-
brables sont ces ressemblances, et la seule conséquence légitime à en tirer c'est seulement leur coexistance et l'origine commune d'une tradition primitive.

de la similitude avec dieu, loin de rester isolée dans un coin
de la Genèse, se répand et pénètre partout, surtout dans le
Pentateuque, tantôt la présentant à l'homme comme règle de conduite sous la forme pratique *d'imitation de dieu*, ce qui suppose la
similitude, tantôt pour prohiber certains actes qui ne sièdent pas
bien à cette nature supérieure : *soyez* SAINTS *car moi l'éternel votre dieu je suis saint*. — Et ailleurs (Deut ch. v. XIV v. 1-2) « Qu'au-
« cune égratignure ni signe de douleur ne se fasse sur votre corps
« pour la mort de vos chers, car (qu'on remarque la double raison),
« vous êtes fils de dieu, vous êtes un peuple saint, » deux phrases
qui aboutissent à une identité de nature supérieure : *fils* impli-
quant, comme on l'a déjà observé, cette identité elle-même, *saint* en
hébreu *kados*, qui indique, à n'en douter, *détachement, séparation,
élévation en déhors et en dessus de la matière;* et si l'ancienne
étymologie rabbinique de *kados*, se résolvant en קד־אש *brûlé
au feu, volatilisé*, etc., que Luzzatto de nos jours s'est appropriée
et a remis à neuf, est la vraie, comme elle le paraît, l'argument
n'en devient que plus fort. La même similitude reparait dans la prohibition de faire passer la nuit au cadavre sur le *gibet*, car, dit
Moïse, ce serait *un mépris envers dieu*, la ressemblance, selon la
belle parabole thalmudique, des deux frères jumaux, l'un roi et
l'autre brigand, pouvant faire méprendre sur qui est des deux le vrai
pendu.

La souveraineté de l'homme sur toute la terre et ses créa-
tures conférée par la Genèse immédiatement après la théorie de
l'image de dieu (Ch. I. v. 26-29) et comme sa conséquence (Voy.
aussi Ch. IX v. 2) (1) n'est qu'une suite naturelle de *la similitude.*
Quoi qu'il en soit, cette souveraineté *naturelle* suppose une différence de nature et non seulement de degré (2) la seule qui constitue
un droit naturel *ou divin.* Les Psaumes semblent n'avoir compris
le récit de la Genèse diversement; preuve qu'on connaissait la Genèse. « Quand je vois tes cieux, l'oeuvre de tes doigts, la lune et les
« étoiles que tu as formé, (je dis) qu'est-ce que l'homme pour que

(1) Si comme c'est bien probable, la raison finale (Ibid. 6). se réfère à tout le fragment la preuve serait plus lumineuse.
(2) Aujourd'hui et selon la tendance que prend de plus en plus la Zoologie, la pa-
rification de nature entre l'homme et les animaux se fait, même dans les écoles où
elle se fait, plus à l'avantage des animaux que non au détriment de l'homme.

« tu t'en souvienne, et le fils d'Adam pour que tu t'en occupe,
« pour que tu le fasse de peu inférieur à dieu (ou aux Anges), pour
« que tu le couronne de gloire et de majesté, (1) pour que tu
« le constitue souverain sur les oeuvres de ta main (les cieux com-
« pris ?); *tout* tu as mis sous ses pieds, les oiseaux des cieux, les
« poissons de la mer qui émigrent par les voies maritimes (ou *le*
« *passage des voies maritimes*). »

La cause substantielle, (ontologique) et non seulement fonction-
nelle (psychologique) impliquée dans cette *similitude* ou *image*
de dieu, ne pourrait être mieux ni plus légitimement démontrée
que par la *mise en acte* du dessein de dieu. En effet comment
l'image est communiquée à l'homme? En soufflant dans *ses
narines*, ou plutòt *dans son visage*, (2) véritable siège et
le plus digne de loger les traces de la similitude. Mais qu'est-ce
que le souffle? Sans doute une émanation consubstantielle de
celui qui souffle et quelque chose d'ontologique, de réel, de sub-
stantiel. Puis c'est la seule manière qu'aurait eu un ancien
quelconque pour dire *âme* dans le sens moderne. Que pourrions-
nous exiger de plus dans ces conditions?

Le souffle est-ce que les anciens connaissaient de plus subtil,
de plus incorporel et nos langues modernes auraient elles continué
à employer cette terminologie dans un sens absolument imma-
tériel pour l'âme si la conscience d'une identité du sujet, d'une
parfaite équivalence n'eût été le fil conducteur entre le *spiritus*
latin, le *Pneuma* grec, le sanscrit *atma* et pourquoi ne devrons-
nous pas placer dans leur compagnie le *Nefesch, Ruah, Nes-
chama* des Hébreux et l'*âme* dans le sens moderne? *Aben
Esro* (Koélét voy. *Nismat haïm* de Ménasché ben Israël P. 2
ch. IV) dit que l'âme en hébreu s'appelle de ces noms parce

(1) Qu'on remarque : 1º que *Cabod* « gloire » est un des noms de l'âme dans la Bible : 2º et que cette qualité, dont se tait le premier chapitre de la Genèse, harmonise au
contraire avec la *Crainte et l'épouvante* que l'homme inspirera aux animaux (du Cha-
pit. IX) et explique la *domination* promise ici et là. On sait le pouvoir de la *fascination*
et le récit de Daniel dans la fosse des Lions.
(2) Peut-être c'est la *partie* pour le tout, *visa* en italien *vue* et *visage*. Pour le Judaïsme
postérieur, plus bon conservateur de l'ancien qu'on ne le croie, c'est le *nez* qui donne
l'expression au visage même aux effets légaux et rituels — p. e. pour l'identité d'un
cadavre et pour la distance à mésurer de la ville plus proche du corps de l'assassiné.
La primitive identité de signification entre *nez* et *visage* apparaît dans l'Araméen *appa
nez* en hébreu, visage en araméen et même en hébreu. (Genèse XLVIII, 12).

qu'elle se manifeste principalement par la respiration. Nous préférons reconnaître que les Hébreux n' étaient obligés à être les précurseurs de Lavoisier à qui seul nous devons la corporéité de l'air, qui, avant lui, était l'incorporel par excellence. De quel droit y verrions-nous dans la Bible toute seule la corporéité ?

Mais on dira: Pourquoi personne n'hésite sur le sens à donner aux noms que l'âme porte dans d'autres langues, tandis que le doute et la négation sont les lots de la terminologie hébraïque, quoique au fond la même ? Mais on oublie que l'hébreu a cessé d'être langue vivante, partant il ne lui reste que la valeur propre intrinsèque et primitive des mots; le sens impropre figuré étant, tout-à-fait de convention nous échappe le plus souvent. Puis Heyxe (*Système de la Science des langues*, 200) a sagement remarqué qu'il est propre des langues de formation secondaire de perdre de vue le sens métaphorique pour ne tenir compte que de l'abstrait et du figuré. De là dans l'hébreu qui est une langue mère on voit par contre le sens métaphorique et l'intellectuel, le matériel et le spirituel marcher côte à côte et se confondre presque dans une seule vue synthètique, (voy. ci dessus pour le *monisme*). Qu' y a-t-il de surpreant que l'hébreu qui nous est parvenu dans cet état ne nous permette trop parfois de distinguer entre le souffle et l'âme, l'image et ce qu'elle signifie ? Et qu'on observe que dans notre cas le sens littéral de souffle se prête d'autant mieux, représenter le sens spirituel à que selon certaines idées orientales, entre autres (indiennes) *l'air* c'est la respiration de dieu (v. Christianisme et Evangile p. 117) Aristote adopte la doctrine d'Héraclite selon laquelle la faculté de penser arrive à l'homme à travers la respiration. Ce souffle (on ne l'oublie) provient de dieu. En général toute la création mainte fois dans la Bible n'a d'autre origine. Ce sont les *abalim* de la kabbale, respiraton et inspiration, émisston et absorption, *Systole et diastole*. La création de la Génèse elle-même qu'est-elle autre chose si non le type de celle de l'homme: une insufflation ? (Gen. ch. I v. 2) et le passage de la vie du Prophète Élie à l'enfant mort, la résurrection des morts de Ézékiel se font-ils autrement ? (Rois ch. XVII v. 21 Ezek. ch. XXXVII v. 9). Qu'est-ce donc que dieu *crée* en Adam en *soufflant* sur lui ?

Ce souffle provient de dieu ; c'est une émanation de sa

ÉLIE BENAMOZEGH

HISTOIRE ET LITTÉRATURE

LIVOURNE
S. BELFORTE ET C.ie
1897

HISTOIRE

Déluge. — Selon les Rabbins il y a eu plusieurs déluges.
V. Sanhédrin Ch. XI. On y lit: « Okéanos (Océan) est plus haut
que toute la terre. Deux fois est écrit: « dieu a appelé les eaux de
la mer qui débordèrent, » allusivement aux deux fois que la mer
en s'élevant a inondé la terre entière. Jusqu'où elle arriva? Selon
quelques Rabbins la première fois jusqu'à Acco (S. Jean d'Acre)
et Jaffa, et la seconde jusqu'aux rivages de Barbarie; selon d'autres c'est le contraire. Selon une troisième opinion la première
fois jusqu'aux Calabres et la seconde jusqu'aux rivages de Barbarie. » Ce n'est pas le détail de ce passage qui compte, c'est la
pluralité des déluges qu'on y suppose, ce qui est en harmonie,
si je ne me trompe, avec la science moderne. Cette pluralité
est avouée aussi: Béreschit Rabba § 38 et Midrasch *Scir Asci-
rim* § 9, où les déluges sont portés à trois. Une trace peut-être
de toutes la plus importante, est celle qu'on lit dans la *Méhilta,*
soit par ce qu'elle est une compilation très ancienne, et plus que
notre *Mischna*, soit parce que le Déluge qu'elle mentionne
aurait embrassé *le tiers du globe.* Les anciens rabbins rattachent
les déluges à des perturbations dans les corps celestes. Cette
opinion est jugée probable par Boulanger (Antiq. dévoilée Liv.
V, ch. 30 pag. 222). Selon d'autres, le déluge se rattache à une
inclinaison des pôles de la Terre. L'importance de ces citations
rabbiniques est demontrée par ces paroles de Monsieur Laroque

qui croyant n'avoir à faire qu'avec la Bible seule (et cela est
vrai pour quiconque n'admet la tradition pharisaïque), écrit, probablement à l'adresse des apologistes qui y voient ce qu'il n'y
est pas (Examen I, 244): « Qu'on veuille bien remarquer qu'il ne
s'agit ici de ces déluges successifs qui ont plusieurs fois renouvelé
la face du monde ainsi que le proclamait la composition de ces
diverses couches. » Il a parfaitement raison avec l'Hébraïsme
carraïtique, mais contre l'Hébraïsme pharisaïque il n'y a point
apérition de bouche.

Sadducéens. — On sait que selon Jérôme (Boulanger, vol. IV
pag. 48) et la majorité des pères, les Sadducéens n'admettaient
pas les autres livres de la Bible, hormis le Pentateuque : et ce serait la
raison pour laquelle Jésus pour les convaincre de la résurrection ne
cite que le Pentateuque. Joséphe (Antiquités p. 454) dit qu'ils croyaient à ce qui est écrit, ou à tout ce qui est écrit, comme veut
Scaliger. Basnage soutient qu'ils reconnaissaient les Prophètes
comme documents vénérables, mais pas comme autorité religieuse.
Si cela est, ce serait très logique, le reste de la Bible formant le
premier courant de la tradition, et ce n'est pour rien que sur
la bouche des Rabbins les autres livres de la Bible s'appellent
Cabbalah, Dibré Cabbalah, tradition. Pourquoi ? Selon les uns
par ce que chaque Prophète *a reçu* sa part d'inspiration sur le
Sinaï, ideé aussi théologiquement belle que critiquement insuf-
fisante. Selon d'autres parce que les Prophètes ne cessent d'élever
des plaintes קבל contre Israël. Si cela était pourquoi appele-
rait-on de ce titre les livres historiques et poétiques de la Bible?
A mon sens la seule raison serieuse c'est la nature traditionnelle du contenu de ces livres. C'est ce que je me suis efforcé
de démontrer dans mon *Introduction à tous les Monuments tra-
ditionnels,* qui a vu le jour en grande partie en Russie dans le
Journal *Lébanon* et dont nous donnerons le commencement dans
quelque prochain *numéro.* Des Pharisiens et des Sadducéens qui
étaient les conservateurs, et qui les novateurs? Il est de mode
aujourd'hui de dire que les Sadducéens étaient les conservateurs. Cela est aussi très logique si la tradition est dans l'Hébraïsme une nouveauté, et c'est très juste qu'elle s'en aille, bras
dessus bras dessous, avec les prophètes. Mais est-ce démontré,
est-ce probable comme le croit Hennequin (vol. II. p. 208)? Un

fait est indéniable : que le peuple était pour la tradition et pour les Pharisiens. Outre le témoignage des docteurs et les mille exemples qui en font fois, Josèphe nous le dit en toutes lettres. Or nous savons que le peuple est en religion le plus conservateur et le plus attaché aux anciens usages. Donc si le peuple était pour les Pharisiens, c'est qu'ils étaient les représentants de l'ancienne religion nationale. L'attachement au contraire bien connu des Sadducéens aux coutumes et aux idées païennes, forme par lui-même une forte présomption que les novateurs c'étaient eux et non les Pharisiens. Ajoutons qu'il n'est pas possible d'expliquer cette adhésion du peuple aux Pharisiens autrement que par cette cause. Serait-ce effet des condescendances, des flatteries des Pharisiens, de la *cour assidue* que ceux-ci auraient fait à la *multitude*, selon la jolie trouvaille de M. Hennequin ? C'est le contraire qui est vrai, et c'est à n'en croire à ses yeux en lisant de telles suppositions après qu'on a jeté mille fois à la face des Pharisiens le reproche de conspuer la foule, la vile multitude, le l'écraser sous le poids de leur orgueil.

Sanhédrin. — En voyant les Rabbins parler de ce corps comme existant dès les plus anciens temps bibliques, on a crié à l'anachronisme, les accusant d'ignorance ou de tromperie. Dans ces plaintes on a confondu la chose avec le nom, niant la première à cause du second. En réalité les preuves abondent qu'un magistrat suprème, de quelque nom qu'on l'appelle, n'a jamais fait défaut en Israël, égale dans le fond, un peu variable dans quelques circonstances secondaires et extérieures. Un bon nombre de ces preuves on les trouvera dans mon *Commentaire au Pentateuque*, et il n'y a qu'à promener les yeux çà et là dans la Bible pour en glaner sans fin. Ahab (Rois I. XX,) aux intimations du roi de Syrie consulte les *anciens* qu'on distingue du peuple, qui donnent leur avis que le roi suit. En Rois II, 23, le roi convoque près de lui tous les anciens de Judas et de Jérusalem ; et en général la loi et ses ministres ont de si fortes racines dans le respect universel que les rois les plus despotes n'osent toucher à la propriété d'un pauvre homme (la vigne de Nabot) sans se préparer des faux témoins pour tromper la bonne foi des juges (Rois 1, 21). Si cela arrivait dans un petit détail, qu'y a-t-il de surprenant si le plus haut mécanisme de

l'état se conservait debout? Le prof. Luzzatto a dit quelque
chose d'approchant sur ce dernier fait. Ce dont j'ai des preuves
à montrer c'est que mon observation est écrite depuis 1845-6.

Sur la formation originaire, on croit avoir tout dit
quand on cite le commendement de dieu (Nombres ch. XI
v. 16) à Moïse. Convoque-moi septante hommes des anciens d'Israël que tu connais comme ses anciens et préposés.
Et pourtant on reste sans rien savoir pourquoi septante et la manière de les recruter. Ce que le Thalmud dit à ce propos mérite une très haute considération et nous y reviendrons. Pastoret
(Hist. de la législation) a imaginé un autre système. Il trouve
que les chefs de famille sont cinquante huit (Nombres Ch. XXXVI
sect. Pinéhas) auxquels si on additionne les douze princes
de tribu on aura le nombre des 70 et la composition du Sanhédrin. Specieux et seduisant, ce système a son côté faible. Les
familles sont 58 sans doute ils portent un nom personnel, mais
ce nom est-il celui d'un ancètre ou d'un chef alors vivant comme
il serait nécessaire dans l'hypothèse de Pastoret? Tout nous fait
croire que ce n'est qu'un ancètre et mort depuis longtemps. Dès
lors comment aurait-il pu entrer dans la composition du sanhédrin? A moins qu'outre l'ancètre dont il s'agit au passage cité
on trouve quelque part mention d'un chef de famille בית אב
authentique. Par exemple: Nombre XXXVI v. 1. — où Zimri
est appelé נשיא בית אב ce qui est bien différent et bien
inférieur au chef de la tribu entière, qui est en outre toute autre
personne. (Nomb. ch. I v. 6) S'il est permis de généraliser cet
exemple d'autant plus que nous avons le titre complexif de
ראשי האבות Nombres Ch. v. 1 e 2 l'hypothèse de Pastoret
prend presque l'air de certitude; et le corps des 70 anciens
constitué par Moïse (Nombres ch. XI v. 16) resulterait
composé des chefs des tribus et des chefs des familles. Il y
a un mot dans l'ordre de dieu à Moïse de faire cette constitution
qui paraît la solennelle consacration de cette origine. « Convoque-
moi, lui dit-il, septantes hommes *des anciens d'Israël (*voilà déjà
une expressive détermination) *que tu connais comme les anciens du peuple* et ses preposés. » Qu'est-ce donc que signifie la
question si le Sanhédrin est ancien ou moderne? Si on veut
parler de ce nom et de certains détails, le sanhédrin est moderne,

mais si l'on veut parler de la chose et de ses caractères fonda-
mentaux il est plus ancien que Moïse lui-même comme corps
des anciens et même au point de vue de la critique rationnaliste
son existence est plus prouvée que celle de Moïse.

Voici d'autres traces mosaïques de la présence du Sanhédrin sous le nom de 'Eda עֵדָה. Parlant de Josué comme ·
chef futur d'Israël on lit. « Et devant Éléazar le grand
Prêtre il se présentera et le consultera selon la règle des
Urim vétummim à la présence de dieu; selon ses ordres iront et
viendront, lui (Josué), tout Israël avec lui, et toute la *'Eda*. »
Parlant d'une *'Eda* après avoir dit *tout Israël* il est clair que
celle-ci est chose distincte. Et qu'est-ce qu'elle pourrait être si
ce n'est l'assemblée des anciens, comme à très bon droit interprète *Raschi*: la *'Eda* c'est le sanhédrin? Voy, aussi Nombres
XXXVI où l'omicide est dit devoir être présenté et jugé par la
'Eda. Comment pourrait-on songer au peuple réuni? Une confirmation de l'existence des 58 chefs des grandes familles qui
sert si bien à l'hypothèse de Pastoret nous l'avons dans ce texte:
« Et s'approchèrent *les Chefs* des grandes familles de Galaad fils
« de Mahir fils de Menaché d'entre les familles de Joseph et
« parlèrent devant Moïse et devant les princes Chefs des grandes
« familles des fils d'Israël » (Nombres ch. XXXVI v. 1) Très si-
gnifiants sont aussi les passages suivants: 2 Rois ch. VII: « Or
Elisée était chez lui, et les anciens étaient assis avec lui. » Dans
Paralip. 1 ch. XIX. « *Des anciens du peuple et des anciens
des Prêtres.* » A Jérusalem aussi Josaphat constitua des Levites,
des Prêtres et des Chefs des grandes familles pour juger et
pour les contestations. » Ici outre *les Chefs des grandes familles*
nous avons la confirmation des éléments dont se reclutait le
sanhédrin selon la tradition: *Prêtres, Lévites et Israëlites*
C'est ce qui resulte aussi de Jérémie. Voy. aussi Paralip. 2, 23
pour les Chefs des grandes familles. Voy. aussi Rois 2, 23 Voy.
le Sanhédrin en activité au temps de Sédécias et de Jérémie
et qu'on connaissait sous l'appellatif de Sarims. — Ezéchiel
aperçoit soixante dix anciens d'Israël et Jaazaniau fils de Cha-
fat (leur Président? (Ezeck VIII.) C'est singulier que le petit
Sanhédrin de 23 membres y fasse aussi son apparition (V. Ibid
ch. XI) car deux sont qualifiés diversement — passage d'au-

tant plus remarquable qu'au Ch. VII figure le grand Sanhédrin de 71.

Moïse et Elie. — Leurs analogies. Traits de ressemblance entre les deux. I. Origine miraculeuse ou inconnue. II. Ils fuyent la présence d'un tyran qui les persécute. III. Ils se dressent contre le tyran de toute leur brauteur par menaces et châtiments. IV. Ils s'entendent appeler par le tyran perturbateurs d'Israël, parce qu'ils le protègent contre lui dans sa foi et sa liberté. V. Ils se mesurent-l'un avec les mages égyptiens et l'autre avec les prophètes de Baal, un contre tous et ils triomphent dans cette lutte. VI. Ils jeûnent l'un et l'autre quarante jours et quarante nuits et par surcroit l'un sur le Horeb, et l'autre à l'approche du Horeb. VII. Ils ont une apparition dans une caverne creusée dans cette même montagne. VIII. Moïse (Exode XXXIII 20-24) est placé à l'ouverture de cette caverne pour *voir passer* la gloire de Dieu, mais afin qu'il n'en voit la face, dieu lui annonce qu' il le couvrira de sa main ou de son nuage כפי jusqu'à ce qu'il ne voie que son derrière. Élie (Rois XIX 11-14) à la porte de la même caverne où Dieu lui donne rendez-vous, se présente mais il a soin d'envelopper sa face de son manteau (1) et c'est des péchés d'Israel que l'un et l'autre s'entretiennent; sauf la nuance que Moïse intercède: ce qu'on ne voit pas chez Elie. IX. Leur mort se ressemble à ne pas s'y reconnaître. Élie est ravi au Ciel. Moïse est enseveli par dieu lui-même ou par soi-même. Et la légende parle de son ascension tout comme

---

(1) Les Rabbins affirment dans le Thalmud que Dieu imitant le Ministre qui officie dans la synagogue s'enveloppa la tête du *Thalêth* pour proclamer les treize attributs, car c'est Dieu, même selon la lettre, qui les proclama. Soit qu'ils disent cela indépendamment du texte de l'Exode, soit qu'ils s'y appuyent, pourvu, bien entendu, qu'ils aient vu dans כפי le sens de nuage, il est clair qu'il semble y avoir contradiction entre leur dire qui fait couvrir Dieu, et le texte qui fait couvrir Moïse, par Dieu si l'on veut. Pourtant dans la seconde hypothèse de כפי nuage, la contradiction pourrait s'évanouir car ce nuage *Thalêth* dont Dieu se couvra, servait en même temps de voile à Moïse, pour ne voir pas la face de Dieu. Nous comptons soit dans ce *numéro*, soit dans le suivant développer dans la partie Exégèse la preuve de כפי nuage, surtout par ses précédents historiques et la phraséologie biblique. Dans l'acte d'Elie de se couvrir la face avec son manteau nous avons le premier exemple de l'acte du Ministre qui se la couvre en disant que Dieu passe, des Coanims qui font autant, et surtout des Docteurs en commençant par les Kabbalistes du Thalmud (Haghigah, etc.) qui toutes les fois qu'on nous les présente s'appliquant à l'exposition de leur science, on a soin de nous apprendre qu'ils s'enveloppent auparavant la tête נתעטף

Élie. Bien plus: le très ancien *Sifré* rapporte l'opinion que Moïse n'est pas mort; il vit toujours prés de dieu. (V. *Jalkout Scim'oni* 313,2; éd. Venise.) Rabbi Kimki ne peut s'abstenir d'écrire: c'est qu'il était à un degré presque égal à celui de Moïse. Tout cela ferait venir l'envie de demander à la *critique moderne*: Pourquoi en présence de telles ressemblances n'invoque-t-on pas le système de deux versions, de deux documents pour les expliquer, en supprimant naturellement l'un des deux qui est de trop, comme on a fait pour moins que cela dans le Pentateuque? D'ailleurs Moïse et Élie dans les âges postérieurs, de tous les personnages bibliques sont ceux qui vont le plus souvent ensemble dans le Zohar, dans le Nouveau Testament, et la rencontre de ces deux est un indice de plus de leur rapport; d'autant plus remarquable que quant'au Talmud, sauf Élie, Moïse n'y est pas introduit.

Moïse. — Ses rapports avec Iétro furent toujours à mes yeux d'une importance exceptionnelle. D'abord par ce que registre l'Écriture, soit de ses conseils si bien accuellis par Moïse l'inspiré, ce qui dans un système qui repose sur la révélation n'est que plus remarquable et pas si facile à expliquer surtout s'agissant d'un gentil; soit par l'empressement, presque les supplications de Moïse pour qu'il s'etablit guide à son côté comme son Mentor, *ses yeux*, dit le texte. Cette importance s'accroît et prend une teinte, un coloris encore plus universaliste et Kabbaliste, sachant d'un côté que Jétro est le père avoué des Réhabites, cette pointe de la Gentilité dans le Judaïsme; et de l'autre que les Réhabites sont les ancètres légitimes des Esséniens et des Thérapeutes, comme ceux-ci le sont des Kabbalistes pharisiens, si mon *Histoire des Esséniens* (Florence, Le Monnier) n'a pas été écrite en vain. Les Midrachims sont pleins de descriptions enthousiastes de Jétro et des profits que Moïse fit dans son séjour avec son beau-père, ce qu'on y resume dans ce mythe si joli que la verge de Moïse n'est pas qu'une branche d'un arbre de son beau-père Jétro. David de Léon, (Comment. aux Psaumes,) si je ne me trompe (I. LI), n'hésite à affirmer que Moïse étudia avec son beau-père. Pour son instruction sacerdotale en Égypte elle doit être une très ancienne croyance chez les Juifs puisque les Actes des Apôtres (ch. VII v. 22), Clément Alexandrin (Stromates lib. I),

Philon Alexandrin (De vita Mosys) le disent à l'envi. Pouvons-nous Israélites l'admettre? Du point de vue si élevé où nous placent la Tradition et la Kabbale non seulement nous le pouvons, mais nous le devons. Non seulement par cette raison bien simple et très raisonnable et rationnelle que précisément parcequ'il s'agit d'une révélation, c'est-à-dire d'un enseignement suprarationnel, il faut que le rationnel soit atteint et outrepassé. Le Thalmud enseigne qu'on ne peut être inspiré si l'on n'est pas sage, fort, et riche, c'est-à-dire intellectuellement, physiquement et socialement supérieur. La tradition suppose qu'il n'y a pas ni de religion ni de nation qui n'en ait conservé quelque fragment. La Kabbale enfin, chose surprénante, nous montre au doigt l'Egypte comme le peuple qui de tout le Paganisme avait conservé le dépôt le plus riche de la tradition primitive et que c'est justement à cause de cela qu'Israël y a été ammené pour faire, dit-elle, le *triage* בירור, comme d'ailleurs c'est la tâche d'Israël partout où ils vont : celle de choisir et de s'assimiler tout ce qu'il y a de bon et de vrai parmi les païens. Et, qu'on le sache, on disait et on écrivait cela (Héséd le-Abraham Azuläi et même au XI siècle Cozari R. Iudas Levite) quand l'Égyptologie par ses révélations d'analogies hébréo-biblico-égyptiennes était encore bien loin de nous mettre, comme elle le fait, en demeure ou de ne savoir que répondre, ou de reconnaître que le Judaïsme n'est qu'un vulgaire plagiat des superstitions égyptiennes, ou d'admirer ce signe prodigieux de vérité, la presence de la médecine avant que le mal soit connu; quelque chose de merveilleux, comme en histoire naturelle les conditions de vie préparées d'avance pour les petits à naître par des parents qui, comme ils ne les connaîtront jamais, ne connaissent non plus leur nature ni leurs besoins, et, il n'est pas besoin d'ajouter, privés qu'ils sont du souvenir de leur propre naissance.

Balaam. — Son conseil à Balak de vaincre Israël en prostituant les filles Moabites semble émaner uniquement de la tradition. Pourtant je crois avoir démontré dans l'Em la-mmicrà et dans mon Cours de Théologie en français, Traité sur la Tradition, que cette paternité du conseil à Balaam on la lit, pour ainsi dire, entre les lignes, supposée sans le dire, preuve de la vérité de la Tradition. La même chose est attestée par l'Apocalypse (XI, v. 14).

Dans la Chronique Samaritaine, Balaam tient précisément le même langage que nos Docteurs lui attribuent. Et puisque nous sommes en train de parler de la Tradition, la même Chronique Samaritaine fait mention de deux espèces de dîmes, l'une, appelée la première, était prélevée sur les grains, sur les fruits et les animaux, et c'étaient, dit-elle, les Lévites qui la payaient au Grand Pontife. Basnage, surpris de cette dernière disposition si contraire à la loi de Moïse qui assigne la première dîme aux Lévites, propose de lire que les Lévites prélevaient de celle-ci, à leur tour, une dîme réellement dévolue aux Coanims. Mais Basnage n'avait pas besoin de se mettre en fraix de correction. Le Samaritain est exacte et la Tradition en reçoit une autre confirmation car elle nous rapporte qu'Ezra, en punition de n'avoir pas obéi promptement à l'appel qui les invitait à revenir à Jérusalem, priva les Lévites de ce droit et le détourna au profit des Prêtres.

Parodie Samaritaine. — On sait ce qui arriva selon le Thalmud au siège de Jérusalem soutenu par Hyrcan, qu'au lieu d'un agneau que les assiégeants juifs eux aussi étaient habitués de fournir journellement aux assiégés pour le besoin de l'autel, ils leur substituèrent un cochon. Or la Chronique Samaritaine raconte tout cela à propos du siège établi par Hyrcan lui même contre leur ville de Samarie. V. Basnage. Histoire des Juifs II, 6, 119-20.

Existait-elle la monnaie du temps de Moïse? — Le Thalmud paraît le croire. Comment autrement expliquer non seulement qu'on exige la *monnaie* pour le *rachat* que Moïse autorise pour les prélévations faits hors de Jérusalem et qu'on doit consommer à Jérusalem, mais aussi qu'on trouve cette obligation dans le mot dont Moïse se sert צרת le faisant dèrivee de צורה *image, effigie*. (V. Thalm. Mezi'a Chap. 2, a, b p. 54 et Misna Ma'asèr schéni Ch. I,). Vaserus, (*De antiq. Numm. hebreor.*) y a cru. Basnage lui oppose que les noms dont on se sert signifient *poids;* objection point décisive car personne ne nie que le premier sens qu'eurent ces mots signifie *poids,* mais il se peut bien qu'ils soient restés même après l'invention de la monnaie, soit pour exprimer celle-ci, soit pour exprimer le poids de tout autre chose. En français on dit aujourd'hui une livre pour un poids en général. Autre objection de Basnage. Il n'y a pas, dit-il, de lois relatives à la fausse monnaie ; preuve que la monnaie n'existait pas. Mais du moment qu'elle devait avoir un poids déterminé, ce qui est de règle même aujourd'hui, la loi relative est celle des poids, et cette loi existe לא יהיה לך בכיסך אבן ואבן גדולה וקטנה (Deut. ch. XXV v. 13) D'ailleurs qu'est-ce que sont les cents *Késita* dont Yacob paie son champ? Bochart y voit des vrais agneaux. Ce serait l'unique fois dans la Bible qu'on les appellerait de ce nom, et qui en outre ne présente racine hébraïque. D'autres, tout en admettant cette signification, l'attribuent à l'image d'un agneau qu'on voyait sur la monnaie. Les LXX, le Chaldéen, la version syriaque y voient des agneaux vrais et propres. Il est vrai qu'un verset des Proverbes qui dit que *le prix du champ ce sont des moutons* paraît le confirmer. Mais peut-être qu'au gré des modernes il prouverait trop la haute antiquité de ce livre, et puis s'agissant d'un prix en général, est-ce qu'on ne peu pas payer un champ que par des moutons? Mais un mot d'importance plus grande se rencontre (Rois II ch. XII v. 11) où on lit; « *Et vinrent le sécretaire du Roi et le Grand Prêtre et reunirent et* COMPTÈRENT וימנו *l'argent* etc. » Basnage convient que ce passage prouve qu'il y avait de fragments ou pièces d'argent de la même forme à peu près et du même poids qu'on pouvait recevoir par nombre ce que prouve, j'ajoute, le nom de בקע nom d'une monnaie qui signifie *partie, fraction, rupture.* (Exode ch. XXXVIII 26,) mais il nie l'image et qu'on se reglât selon le nombre et non selon le poids. On connaît le passage de Pline où il attribue à Servius Tullius l'introduction de la monnaie avec la figure d'un agneau, d'où son nom de *Pecunia* (Pline 33, chap. 3) de *Pecus.* Étienne (actes des Apôtres) ne sachant, paraît-il, à quel saint se vouer a traduit קשיטה une somme d'argent, *times auguriou.* Pastoret (Hist. de la Législ. des Hébr., 422) rejette l'opinion d'une monnaie à l'image d'un agneau, parceque l'argent n'était pas monnoyé, ce qui a un peu l'air d'un paralogisme. Il oublie tant d'exemples de peuples qui eurent la même coutume. Les Anglais par leur ange et croix dont on parle dans les oeuvres de Shakespeare, — la *pecunia* des Romains, le *Florin* de la république florentine, ce sont autant de noms de la monnaie et de

על איש חקה · דוה נגף ·   יסוד אמיץ · הדר ביתה ·
היש מכאוב · כמכאובה :   עמודיה · היא הצבה

הכבבים · ממסלותם ·   לכל אביון · לכל כושל ·
שוה נלחמו · להעציבה :   נפשה גרסה · לתאבה :

ככפיר אריה · קמה נגדם ·   לעוללים · דלים רשים ·
אלומתה גם · נצבה :   דרך תורה · גם נתיבה :

ברוך טעמה · גם נאוטה ·   על כן תשחק · ליום אחרון ·
טוב מכספה · גם זהבה   תבוא שלום · על משכבה :

ובחק שרי · תרגע תישן ·
שנת עובד · הערבה :

על קבר ילד יחיד לאמו

סביבי נהרות יזלו עינים   הוי כי שמשו קדר טרם זרוח
על בן יקיר · נעים ונחמדהו   בעור שחרו עלה נאסף אורהו
אסף חן ותבונה מלא חפנים   נאסף שמחה וגיל נאסף מנוח
עין ראתה ותאשרהו :   מלב אמו טרה · מלב הורהו :

אם ! מרמעה הרגעי ודמי
כי גם לשדי בן פרי טעיך
על מה עוד כיונה נהם תנהומי
הה טובו שעשעי אל משעשועיך !

על קבר אדונתי אמי ז"ל

על מות לבן רך ויחיד   גם חזה אל משפט חרץ
אהובת לב אם חסודה   עת אל יקום עת יתנשא

חותם תכנית תמה ברה   עת לרמות תנחומות אל
לא יע־רכוה ארם פטרה   לנחם אם משל נשא

מי ינוד לו מי ינחם   הה כי איפה לאבל אם
הן נדום אם לבד נסה   תוך כל תבל נחם נסתר

רק זכרונה דק נעטה
רק נחם אל רק הוא נותר :

כמער איש ולויות, ומה הנה לעובדיהן הרעיות? נשים רחמניות, והחכמות
העבריות? לא כנשים המצריות, והמשנה והגמרא? עניה סוערה, וס' הזוהר
והבהיר? קרן מכאיב וסלון ממאיר, ודבר המלך ודתו? בחוד הרע כמיעוטו,
וחכמת הטבע האיומה? שם האחת יסימה, והרימוסירית היפה והצנועה, שם
השנית קציעה, והאלהית אשר לא קרעה ולא שמרה בפוך? קרן הפוך,
ולשוחרי ואוהבי השנוי אשר אבלו ואנו, ויאמר שנו, ועל ששים המ― מלכות,
יאמר כל השו"ח הלכות, ומכל המשנה והגמרא, בחר לו מסכת תמורה, כי
יחונו וינועו עשתונותיו כצפורים עפות, עשרת אלפים בחרש חליפי"ת: הלא
זאת חקרנוה כן היא, תפארת חכם וסמוך יפה עינים וטוב רואי, אשר חלק
לו ה' בבינה, ורודף תירושה ורגנה ומשמני מדינה, משען ומשענה, ושלל
שללה ונ―א המתנה, סמים ולבונה, וערש רעננה, ועל חטי מנית ופנג, כל
ימיו יתענג, ומאכלו בריאה, ותאמי צביה, ויינות ועסיסים, וברכודים אבוסים,
והשהרונים והשביסים, ותפארת העכסים, וכתנת הפסים, אם לא תדרעה
אביוני אדם, שני נרדיים, עברו נגא איי כתיים, וראו איך יתנהג חכם
שבחכמים, ויבן כמו רמים, וצבע רקמתים, מזוקק שבעתים, עד צואר יגיע,
וכאור בוקר יופיע, והקרב והכרעים, כבית זרע סאתים, ואם יעשה מלאכה
כאשר אתם עושים בפני רבים, יסובו עליו רבים, ואם ישתקשק ברחובות
בכליי סחבות, ונשאו דודי וסרפו, והכריהו בשבט פיו נגוף ורפוא, והחונף
והדרים, רוכבים צמדים, ואם לא ידע איש לאחוז את העינים, לארץ ישכב
על מרתים, ואם לא ילך שחוח, כקימוש וחוח, למלך לעיר ספריים, ואביון
בעבור נעלים, ואם ראשו לכל רוח לא ינוע, ויהיה בעיניו כמתענע
להתהולל ולהשתנע, ועל דלתות השער לא ירתו צו לצו, קו לקו, לומר הן
הן או לאו או אל אשר יהיה שמרה הרוח ללכת, כאלרה וכאלון אשר
בשלכת, ולשתני בכרה קלה משרכה, כתבו את האיש הזה עריזי גבר לא
יצלח, אם לא בחבור וחלח, ולא ישתמש בתגא, ולא יטעם פת בגה, ואם
יהרוס לעלות, כי הצאן והבקר עלוה, לא יגיע פגע גנה, וראש הפסגה,
אך יפול בסרר המדינה, על כן אם האבו ושמעתם שני נרדיים סורו סני
דרך חטו סני ארח, גדולות אל תבקשו אביוני אדם ולא תהיו בקרח, ישובו
רשעים לשאולה לזבל אשר חמרתם, לאש―פות אשר בחרתם:

על קבר אשה חשובה

יום תוכחת :	חה ליום ·	יהי לעד ·	הגל הוה ·
אורח כבה :	אשר פתאום ·	המצבה :	ונם עדה ·
שגות עמל ·	הן מנו לה ·	אסתר חנה ·	על אשה חן ·
ראו טובה :	חלפו לא ·	פה השכבה :	בין רנבים ·

יולדת על משבר, וחילים יגבר, ויוציא הולד במלקחים, וראה על האבנים,
ויכתוב קמיע מן המומחה: (1) מסי ומחי, ולהוציא עין הרע ילחוש, ברוב דגן
ותירוש, ונקד עליו להוציא, כי הוא המכבנים הוא המוציא, ומפיסח ידלו
שוקים, ופיק ברכים יקימם על לוחותים, ויפקד דמלך בלהות, ולמלכי צבאות,
בשבעות וחרמות, ועינים רמות, ויעשה משמותיהם קרדום, לומר לשמש
דום. יבהשקיפו מן החלון, ירח בעמק אילון: ואם את האחרונים נמנה,
ובחק החכמה העדינה, נולד ונתגדל וראה הרבה חכמה, ודעת ומזמה,
עד כי חדל, ולו שם בכל עבר, רחם רחמתים לראש גבר, על כל דבר
אמת וענוה צדק, יאמר טוב כהדק, ואם אסונה תמה יראה ביהודי אחיהו,
אז ימלא שחוק פיהו, ועל רובי דברי התלמוד, כאשר ינוד הקנה כן ינוד,
וסגלת המדרשים, כליל לראשים, וחכמת האגדה, הטאת יהודה, והמקובל
והקבלה, נבל הוא ונבלה, ובבואו לדבר והגד קול רמה דקה תשב
אנוש עד דכא, כי כן דרך החשובים, לדבר בסתר עבים, ולהוכיח אין
כמוהו שיחה ינרע, ועוצם עיניו מראות ברע, כי מצות הוכח תוכיח הוא דבר
דלא שכיח, ולא תמצא כמוהו בכל בני תמוהה, יקיים מצות ביאה והתעלמת, כי
מצא בתלמוד ישן נושן, כמעשה שפת כום פרה שושן, כי תחת, פעמים
שאתה מתערם, נרמה נפשו לתאבה, או מי ישום אלם, ובכפר אחר כפון
בנגני ברומים, תחת אשר ינדם נרידא, ראה זה חדש יטיב נהת,
וימצא במשנה ההיא, מאה, ומבל אדם אשר על פני הארמה, זהיר במשמע
ורומה, וללכת לאור הרי'פורמא, יעזוב עש כסיל וכימה, ובי יראת פשחה
כהה לכפירה זורח, יאמר לשמש ולירח, עלה קרח עלה קרח: ואם תשאלנו
איך נקבו בשמית החכמות הרמות, יאמר נביש וראמות, והחיצוניות? גלות
עליות, ואם תהיינה מעבר לים הוסיות? ארכוב אניית, ואם כמעונות אריות?

(1) חלילה לי מהטיח לאלהים לחקל בכבוד הקבלה מימעשים אשר לפי דעתי משלם שרשים
עד התירה ההלכית ואל התלמוד וכו' — עליום מושתתו כל חכסים אשר אמונת ישראל כבונה
עליהם וכו' מעטי שהמכתים כם סופו לחבוים בתורים מן השמים היא המתפנת רהב כמתוללם
הבין לעורר אמונתנו בכל דור ודור, האמונה מכל החכמה מאלהים ומכל כשרון המעשה ומכל
החכידות והפרישות והקדושה וכו' וקירבת אלהים היא פרח שושן, ופת פרי תאר ולסוית כל התכאים
הללו צריכים לה מי זה עוך אל לבו לשלוח יד לגנוע אלים וכבר הזהירו ע'ו חכמי הקבלה
עלמם, גדולי יש, כורי אחור, משאתה יגורו אלים כאשר שמעתי על אחד מגדולי הממעורך אשר
לישמעאלית המתקבלת לפניו להתן לה קריון ע'י קמיעא מן המומחה, כהן לם כייר כפול
וכחמרתו לשם יפאה לקראהו אם הכנים שמחם וכנכ מורכב על כהסם וכשמבל חכם אחד שעיט
שם כל המשיעע אמר לכעל הקמיעו כיראות בפלאתו כיוד אחם מושר עלמנך לעונינים אלם אז
שאל הקם לתחמעאלית שתחמיר לו פרנג הקמיעו אבל היםשמעאלית ירחם שמל י'מות סכן
ואמרם לא תחזיר עד שגזר עלום אדרבא שימות סכן ל'ו לא תחזיר וכשתחזורים פתחו והרליחו
לחכידו, וסכו בזיר חלק:

LITTÉRATURE

למען יכין הקורא הדוגמא הזאת אשר אני נותן לפניו היום מספר
אמת מפניע תשובה על ארי נהם לאהרי ממודינא ידע כי כתבתיו
בתחלת כניסתי אל הקדש פנימה אחר היותי כמה שנים משמש בבית
ספר גדול להכיח טרף לביתי כאשר קרה אף כי קטנו עבה ממתני
אל הרמב"מן וגם כי כל ימי ולילי אף כעובדי עומד שם ומשמש
הקדשים ללמודים קדם וחול בכל זאת היו אנשים שהיו מקריבים
לקבלני כאמרם כי צריך להיות קדום מכתן מלודה ומסריון לראות את
פני ה' בבית המדרש וזה לא יקרב אף כי ירא אלהים ומשכיל הוא
ולא אכו שמוע לאדם גדול בקהלתנו עשיר וחכם כתורה שהיה נוח
מלבם תדכאו הנער הלו אחר סיותו חכם כמונו · על כן מדי
דברי. עם הר"י ממודינא על שני גרדייס משער האשפות שלמדו לרבינו
הקדש כמה דרכים, כשאתי אותם למשל לי לעצמי ושאר הסלצית ויכו
בנקל אחר הקקדמה הואת — וכל שאר ספר קימת מפניע כתוב מ"מ
בסגנין זה — וידעתי כי לא נודע ונתפרסם מאז בקהל נכונים וגם זאת
ממיעוט השנהתי והקפדתי עלי על מתוני ועל ספרי שלא אחזיתי כאמלעניים
הנאהוים · אבל אמרתי כי לא קדע מה ילד יום אפשר קטוב אחריתנו
מראשיתנו :

מי אלה בני נבל גם בני בלי שם ההורסים לעלורת אל ה' ולאחוו
בשבט סופר טרם יקרשו עד לסדי, טרם קורא להם שם חכם וגאון ואלוף טרם
יעלו לאט בסולם הלמורים, משא צמר פרדים, טרם ירבץ בין המשפתים,
ויסך בעצלתים, טרם יאמר זאת המנוחה, ותכסהו בסמי"כה, טרם יסובב
נתיבות, ללבך לביבות ויקום על נדכורה, ויקרא שטם רחובות, ויצא שמו
בכל הארץ זקפא לרו נודר פרץ, ויבין אל פעלות, ויחולל אילות, ויושיע

www.ingramcontent.com/pod-product-compliance
Lightning Source LLC
La Vergne TN
LVHW050621090426
835512LV00008B/1599